기독교문서선교회 (Christian Literature Center: 약칭 CLC)는 1941년 영국 콜체스터에서 켄 아담스에 의해 시작되었으며 국제 본부는 미국 필라델피아에 있습니다.
국제 CLC는 59개 나라에서 180개의 본부를 두고, 약 650여 명의 선교사들이 이동도서차량 40대를 이용하여 문서 보급에 힘쓰고 있으며 이메일 주문을 통해 130여 국으로 책을 공급하고 있습니다. 한국 CLC는 청교도적 복음주의 신학과 신앙서적을 출판하는 문서선교기관으로서, 한 영혼이라도 구원되길 소망하면서 주님이 오시는 그날까지 최선을 다할 것입니다.

주 안에 거하라

Humility Abide In Christ
Written by Andrew Murray
Translated by Jung-Eun Jeong

All rights reserved.
Korean Edition Copyright © 2022 by Christian Literature Center, Seoul, Korea.

주 안에 거하라

1985년 2월 15일 초판 1쇄 발행
2022년 9월 30일 개정판 1쇄 발행

지은이　　|　앤드류 머레이
옮긴이　　|　정중은

편집　　　|　정희연
디자인　　|　박성준
펴낸곳　　|　(사)기독교문서선교회
등록　　　|　제16-25호(1980.1.18.)
주소　　　|　서울특별시 서초구 방배로 68
전화　　　|　02-586-8761~3(본사) 031-942-8761(영업부)
팩스　　　|　02-523-0131(본사) 031-942-8763(영업부)
이메일　　|　clckor@gmail.com
홈페이지　|　www.clcbook.com

ISBN 978-89-341-2481-8 (04230)
ISBN 978-89-341-1844-2 (세트)

이 책의 출판권은 (사)기독교문서선교회가 소유합니다. 신저작권법에 의하여 한국 내에서 보호를 받는 저작물이므로 무단 전재와 무단 복제를 금합니다.

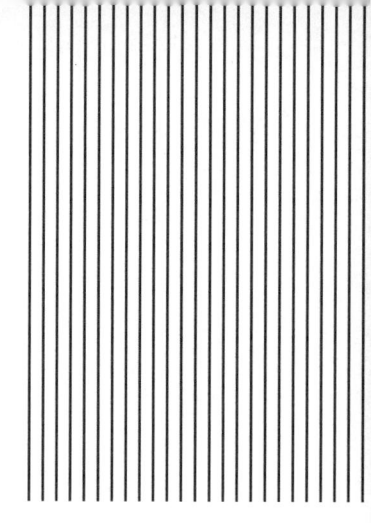

주 안에 거하라

앤드류 머레이

CLC

차례

서문　7

제1장　다 내게로 오라　12
제2장　너희 마음이 쉼을 얻으리니　20
제3장　주님을 신뢰하라　30
제4장　너희는 가지라　38
제5장　믿음으로 나아오라　46
제6장　하나님께로부터 나서　57
제7장　우리에게 지혜가 되시고　65
제8장　우리에게 의가 되시고　74
제9장　우리에게 거룩함이 되시고　82
제10장　우리에게 구속이 되시고　91
제11장　십자가에 못　98
제12장　그리스도 안에서 견고케 하심　107
제13장　때때로 물을 주심　116
제14장　내일 일은 난 몰라요　125
제15장　지금은 구원의 날이로다　133
제16장　모든 것을 잃어버림　142

제17장 성령을 통하여 151

제18장 내 영혼아 잠잠하라 160

제19장 환난과 시련 169

제20장 과실을 많이 맺나니 178

제21장 기도의 능력을 얻으리니 187

제22장 나의 사랑 안에 거하라 196

제23장 아버지의 사랑 안에 거하라 206

제24장 주의 계명을 지키라 215

제25장 너희 기쁨을 충만하게 하려 함이라 224

제26장 서로 사랑하라 233

제27장 범죄하지 아니하나니 242

제28장 담대하라 252

제29장 내 속에는 선한 것이 없으니 261

제30장 언약의 보증인 272

제31장 영화롭게 되신 자 281

서문

예수께서는 지상에 계시는 동안 자신과 제자들과의 관계에 대해 언급하셨는데, 주로 하신 말씀은 "나를 따르라"는 것이었습니다. 승천하실 즈음에 주님은 제자들과 더욱 친밀한 영적인 연합이 영광스럽게 표현되어 있는 새로운 명령을 주셨습니다. 그것은 "내 안에 거하라"는 말씀입니다.

그러나 예수님을 진실로 열심히 따르는 자 중에서도 그 말씀이 약속하고 있는 축복된 체험과 더불어 그 말씀의 의미를 깨닫지 못하고 있는 자들이 많다는 것은 두려운 일입니다. 그들은 용서와 도움을 받고자 주님을 신뢰하고 어느 정도까지는 주님께 순종하려고 애씁니다. 그러나 주님께서 "내 안에 거하라"고 초대하실 때 그들은 그 연합이 얼마나 밀접하고 친밀한 것인지, 그리고 우리의 생활과 관심이 얼마나 그분과 놀랍게 일치되어 있는지를 거의 깨닫지 못하고 있습니다.

이러한 사실은 그들 자신에게 말할 수 없는 손실일 뿐 아니라 그것 때문에 세상과 교회들이 또한 어려움을 당하는 것입니다.

주님을 진정으로 영접한 자들이, 그리고 성령의 새롭게 하시는 역사에 이미 참여한 자들이 이같이 그들을 위하여 마련된 구원에 충만히 이르지 못합니까?

나는 아주 많은 경우에 있어서 그 축복을 받지 못하는 불신앙의 원인이 무지라는 것을 확신하고 있습니다. 우리 정통교회 안에서 주님과 살아있는 연합 즉 그리스도 안에 거하는 것과 주님이 매시간 임재하시고 지켜주시는 것에 대한 매일의 체험이 주님의 보혈을 통한 용서와 구속처럼 긴급하고 확실하게 전파되었다면 많은 사람들이 그러한 생활로의 초대를 기쁘게 받아들였으리라고 나는 확신합니다. 그리고 그 영향력이 능력, 고결함, 사랑, 기쁨, 열매 등의 주님 안에 거함으로 얻어지는 모든 축복들의 체험 속에서 나타나게 되리라고 확신합니다.

본서는 주님께서 그 명령을 통하여 의미하시는 것이 무엇인지 아직도 충분히 깨닫지 못하는 사람들이나, 그것은 능력 밖의 생활이라고 두려워하는 자들을 도와주려는 열망에서 쓰여진 것입니다. 어린이는 오로지 자꾸 반복하는 것을 통하여 모든 것을 배웁니다. 믿음의 교훈들을 받아들이게 되는 것도 오로지 마음을 얼마 동안 계속적으로 한곳에만 둠으로써 신자는 점점 그 교훈들 속에 온전히 젖어 들게 되는 것입니다. 나는 일부 신자들 특히 젊은 신자들에게 한 달 동안이라도 매일 "내 안에 거하라"는 귀한 말씀을 포도나무 비유와 그 교훈에 연결시켜서 되풀이하여 새겨보는 것이 큰 도움이 될 것이라고 말하고 싶습니다.

우리는 한 걸음씩 이 약속의 개념(promise-precept)이 우리들에게 의미하는 바가 얼마나 진실된 것인지를 깨닫게 될 것이며, 우리가 그 말씀에 순종하도록 하시는 그 은혜가 어떤 것인지를 이해하게 될 것입니다. 또 그리스도인의 건전한 생활이 그 축복의 체험과 얼마나 불가분리의 관계를 맺고 있는지 또 거기에서 얼마나 말할 수 없는 축복이 흘러나오는지를 깨닫게 될 것입니다.

우리는 그 말씀을 청종하고 묵상하고 기도함으로 우리 자신을 맡기게 됩니다. 주님이 그 말씀 안에서 자신을 우리를 위해 주신 것처럼 예수님을 믿음으로 온전히 받아들이면 성령님께서 그 말씀이 생활과 정신이 되도록 하시는 것입니다. 또한,, 예수님의 이 말씀은 우리들로 하여금 구원에 이르는 하나님의 능력을 받게 하며 오랫동안 기다리며 바라던 축복을 붙잡는 믿음에까지 이르게 할 것입니다.

나는 은혜로우신 우리 주님께서 기뻐하심으로 이 작은 책자가 주님을 충분히 알기를 구하는 자들에게 큰 도움이 되기를 간절히 기도하는 바입니다. 주님께서는 이미 이 책자가 다른 언어(화란어)로 출판되는 축복을 주셨습니다. 나는 주님께서 어떤 방법을 통하시든지 아직도 일편단심으로 살지 못하는 사랑하는 수많은 자녀들에게 주님께서 그들이 자신의 것이라고 주장하시고 계시는지를 깨닫게 하시기를 원합니다. 또 전심으로 주님 안에 거하면서 헌신하는 것만이 얼마나 말로 할 수 없는 기쁨과 충만한 영광을 가져다주는지를 깨닫게 하시기를 간절히 기도합니다. 이미 이러한 생활의 맛을 보기 시작한 우리 각자가 자신들을 전적으로 드려서 주님과 우리가 연합하도록 하시는 주님의 권능과 은혜에 대한 증인이 되도록 합시다. 그리고 말씀대로 행함으로 다른 사람들이 주님을 온전히 따르게 하도록 합시다. 오직 이 같은 열매를 맺는 곳에서만이 우리 자신이 주님 안에 계속 거할 수 있는 것입니다.

결론적으로 나는 독자들에게 한마디 충고를 드리고자 합니다. 그것은 바로 다음과 같은 것입니다. 포도나무가 되시는 예수님에게까지 자라가는 데는 시간이 필요합니다. 주님께 그 시간을 드리지 않고서는 주님 안에 거하리라고 기대하지 마십시오. 본서에서 지적하고 있듯이 하나님의 말씀을 읽거나 묵상하는 것만으로는 충분하지 않으며 우리가 그 생각을 굳게 붙잡고 하나님께 그분의 축복을 내려주시기를 간구하면서 소망을 가지고 나아갈 때에 그 축복이 임하게 될 것입니다.

그뿐 아니라 매일매일 예수님과 하나님과 우리가 함께하는 시간이 필요합니다. 우리는 매일 식사하는 데 시간이 필요하다는 사실을 알고 있습니다. 모든 근로자도 그들의 점심시간을 요구할 권리가 있는 것입니다. 많은 음식을 바쁘게 먹어 치운다고 되는 일이 아닙니다. 우리가 예수님을 통하여 살아야 한다면 주님을 먹고 살아야 합니다(요 6:57). 우리는 주님의 생명 안에서 아버지께서 우리에게 주신 하늘 양식을 모두 받아들여 그것을 흡수해야 합니다.

그러므로 예수님 안에 거하기를 배우고자 하는 형제, 자매들이여! 말씀을 읽기 전에 매일 시간을 내십시오. 그리고 읽은 후에 살아계신 예수님과 더불어 여러분 자신이 살아있는 교제를 가지십시오. 주님의 축복된 영향력 속에 의식적으로 그리고 분명하게 여러분 자신을 맡기십시오. 그래서 주님이 여러분을 붙잡고 끌어올리시며 또 전능하신 주님의 생명 안에 여러분을 안전하게 지켜주실 기회를 드리도록 하십시오.

주님께서 하늘의 포도나무를 가르치는 특권을 주신 모든 하나님의 자녀들에게 나는 형제의 사랑을 전하며 인사를 드립니다. 또한,, 그들 각자에게 그리스도 안에 거하는 축복의 충만하고 풍요한 체험이 주어지기를 기도합니다. 예수님의 은혜와 하나님의 사랑과 성령님의 교통하심이 그들에게 매일 있기를 간구합니다. 아멘.

제1장 다 내게로 오라

내게로 오라 마 11:28

내 안에 거하라 요 15:4

"내 안에 거하라"는 이 새로운 초청의 말씀은 "내게 오라"는 부르심을 듣고 귀를 기울인 여러분을 향한 것입니다. 이 메시지들은 똑같은 사랑의 주님으로부터 오는 것들입니다. 여러분은 물론 그분의 부르심을 듣고 나아온 것을 후회한 적은 없을 것입니다. 여러분은 그분의 말씀이 진리라는 것과 그분은 자신의 모든 약속을 이루신다는 것을 체험했을 것입니다. 그분은 여러분을 그분의 사랑 안에서 기쁨과 축복의 참여자로 삼으셨습니다.

그분은 참으로 따뜻하게 영접하시며, 그분의 용서는 완전하고 자유를 주며, 그분의 사랑은 귀하고 달콤하지 않았습니까?

그분 앞으로 처음 나아왔을 때는 "'내 안에 거하라'는 말씀은 나에게 하시는 말씀이 아니다"라고 말하는 것도 무리는 아닙니다.

그러나 시간이 감에 따라 여러분은 여러분의 기대가 이루어지지 않으므로 실망하여 불평합니다. 여러분이 한때 누렸던 축복들은 사라졌습니다.

주님과 처음 만났을 때의 사랑과 기쁨은 더욱 깊어지기는커녕 시들고 맙니다.

왜 그렇습니까?

여러분은 그렇게 능력 있고 사랑 많은 주님이 주신 구원에 대한 체험이 왜 좀 더 풍성하지 못했을까 하고 의아해합니다.

그러나 그 대답은 매우 간단합니다. 여러분이 그분에게서 멀어진 것입니다. 그분이 주신 축복들은 모두 "내게 오라"는 명령과 연결되어 있으며 주님 자신과의 밀접한 교제 안에서만 누릴 수가 있는 것입니다. "내게 와서 나와 함께 머물라"는 말씀이 의미하는 바를 여러분은 충분히 깨닫지도 못했으며 올바르게 기억하지도 않았습니다.

그러나 바로 이것이 주님께서 여러분을 그분 자신에게로 부르실 때 목적하고 의도하신 것입니다. 그것은 그분의 구원과 사랑의 기쁨으로 여러분이 회개한 후에 잠시 동안 기분전환을 맛보다가 그 후에는 여러분을 죄와 슬픔 속에서 방황하도록 버려두시기 위함이 아닙니다. 주님께서는 여러분이 잠깐의 축복보다는 더 나은 것을 얻도록 의도하고 계십니다. 즉 진지하고 특별한 기도를 할 동안에는 누리다가 여러분이 생활의 훨씬 더 많은 부분을 보내야 하는 의무로 돌아갈 때는 사라져 버리는 축복을 의도하신 것이 아닙니다. 정말 그것이 아닙니다.

주님께서는 여러분을 위하여 여러분의 전 생활의 매 순간마다 자신과 함께 거하는 삶을 마련하고 계십니다. 여러분이 일상의 일을 하는 동안에도 끊임없이 주님 자신과의 교제를 즐길 수 있도록 하십니다. 주님께서 "내게 오라"고 하신 후에 "내 안에 거하라"고 하실 때도 이것을 의도하신 것입니다. "거하라"는 복된 말씀 속에는 진지함과 신실한 사랑과 자비가 담겨 있습니다. 그것은 "오라"는 말씀 속에 있는 축복보다 결코 못 한 것이 아닙니다. 여러분이 청종하기만 한다면 처음의 말씀은 그 뒤의 말씀에 못지않은 은혜를 포함하고 있는 것입니다. 주님께 나아오는 자에게 주어지는 축복이 큰 것이지만 주 안에 거하는 보배는 가까이서 한층 더 풍성히 주어지는 축복입니다.

주님께서 "내게 오라 그리고 나와 함께 거하라"고 말씀하시지 않고 "내 안에 거하라"고 말씀하신 점에 주의하십시오. 그 교제는 물론 끊어져서도 안 되며 아주 밀접하고 온전한 것이어야 합니다. 주님은 팔을 벌려서 여러분을 품에 꼭 안으십니다. 주님은 마음을 여시고 여러분을 그리로 영접하십니다. 주님께서는 여러분을 온전케 하시기 위하여 그분 자신과 함께 그분의 생명과 사랑의 풍성함을 활짝 여시고 그것들과 교제하도록 여러분을 인도하십니다. "내 안에 거하라"는 말씀 속에는 아직도 여러분이 깨닫지 못한 깊은 의미가 있습니다.

여러분이 깨달을 수 있었다면 주님께서 "내게 오라"고 하실 때에 그보다 더욱 진지하게 "내 안에 거하라"고 하신 간곡한 말씀을 들을 수 있을 것입니다. 그분은 여러분이 주님 앞에 나오도록 인도하실 때마다 주님 안에 거할 것을 권고하십니다.

여러분을 처음 이끌어낸 것이 죄와 그 저주에 대한 두려움 때문은 아닙니까?

처음 주님 앞에 나아와 받은 용서는 그 뒤에 따라오는 모든 축복과 함께 주님 안에 거함으로써만이 더욱 확실해지고 풍성하게 누리게 되는 것입니다.

여러분이 주 앞에 나온 것이 여러분을 부르시는 무한한 사랑을 알고 또 누리고 싶었기 때문이었습니까?

처음 주 앞에 나왔을 때에는 단지 한 방울만 맛보지만, 주님 안에 거할 때에는 갈급한 영혼에 참으로 만족을 줄 수 있고 주님의 오른손에 있는 기쁨의 강물을 마실 수가 있습니다.

주님께 처음 나온 것은 죄의 사슬에서 풀려나 거룩하고 순전하게 되어서 영혼에 하나님의 안식을 찾고자 함 때문이 아니었습니까?

이것도 역시 주님 안에 거함으로써만 실현될 수 있습니다. 즉 예수님 안에 거하는 것에서만 쉼을 얻을 수 있습니다. 또 주 앞에 나왔던 것이 영광의 기업을 바라고 무한하신 분의 면전에 있는 영원한 집을 바랐기 때문이었다면 이것을 위한 진정한 준비와 이런 생활의 축복을 미리 맛보는 것은 그 안에 거하는 자에게만 주어지는 것입니다. 사실을 말하자면 여러분을 주 앞에 나오게 하는 것은 몇천 배 더 큰 힘에 호소하는 것입니다. 주님께 나아온 것은 참 잘한 일입니다. 그러나 주 안에 거하는 것은 더욱 잘하는 일입니다.

왕과 함께 살고 또 그 궁전 생활의 모든 영광을 누리도록 초청받아서 왕궁에 찾아온 사람이 그 문전에 서 있기만 할 수 있습니까?

형제, 자매들이여! 주님 안으로 들어가서 거하도록 합시다. 그리고 주님이 우리에게 풍족하게 공급하시는 그분의 놀라운 사랑을 마음껏 누립시다.

그러나 나는 실제로 예수님 앞에 나아온 사람들 중에서 슬프게도 아직 주님 안에 거하는 축복에 대해 조금밖에 알지 못한다고 말하는 사람이 많지 않을까 염려합니다. 그들 중에 어떤 사람들은 바로 이것이 주께서 불러주신 의미라는 것을 충분히 이해하지 못했기 때문에 그 축복을 누리지 못합니다. 또 다른 사람들은 그들이 말씀을 듣기는 들어도 주님 안에 거하면서 교제하는 생활을 자신들도 정말 할 수 있다는 사실을 모르기 때문에 그런 축복을 누리지 못하는 것입니다. 또 어떤 사람들은 그러한 생활이 가능하다고 믿고 비록 그것을 구하지만 그런 생활을 할 수 있는 비결을 발견하지 못했다고 말합니다. 또 참으로 안타까운 일이지만 축복을 누리지 못하는 것은 그들 자신의 불충실 때문이라고 고백하기도 합니다. 주님께서 인도하려고 하실 때에도 그들은 그것을 받아들일 준비가 되어있지 못한 것입니다. 그들은 모든 것을 다 버리고 언제나 그리고 전적으로 예수님 안에만 거하려는 마음의 준비가 되어 있지 않은 것입니다.

이런 모든 사람에게 나는 이제 나와 그들의 구속자가 되시는 예수님의 이름으로 "내 안에 거하라"고 하시는 복된 메시지를 들고 나가려고 합니다. 주님의 이름으로 내가 그들을 초대하며 나와 함께 얼마 동안 그 말씀의 의미와 약속과 그 말씀이 요구하는 것과 교훈하는 바를 묵상해야겠습니다.

나는 젊은 신자들이 그 말씀에 대해 그들 자신과 관련된 질문과 어려운 문제점이 얼마나 많은가를 잘 알고 있습니다. 그들은 말씀의 여러 가지 측면에 대해서, 또 함께 거하는 교제와 그것을 계속할 수 있을까 하는 질문을 갖습니다. 내가 모든 난관을 없애려고 하는 것은 아닙니다. 이 일은 오직 예수 그리스도께서 성령을 통하여 하실 일입니다. 그러나 내가 하나님의 은혜로 기꺼이 할 수 있는 것은 그 말씀이 마음에 박혀서 그곳에서 자리를 잡아 더 이상 잊거나 소홀히 여겨지지 않을 때까지 "내 안에 거하라"는 주님의 복된 명령을 매일 되풀이하는 일입니다.

나는 거룩한 성경에 비추어서 그 말씀이 우리 마음속에서 깨달아지고 그 말씀이 우리에게 바라고 베푸는 바가 무엇인지에 대해서 깨달을 때까지 그들이 그 말씀의 뜻을 묵상하도록 기꺼이 도와주고 싶습니다. 그래서 우리가 그 말씀대로 되는 것이 무엇을 의미하는지를 발견하고 무엇이 우리를 방해하며 또 무엇이 우리를 거기에 이르도록 도와주는 것인지를 알게 되는 것입니다. 그렇게 함으로 우리는 그 말씀이 요구하는 바를 느끼게 되며, 그분이 분부하신 것 중에서 이것을 즉시 중심으로 받아들이지 않고서는 우리의 왕에 대한 참된 충성은 있을 수 없다는 것을 자연히 알게 될 것입니다. 그래서 우리는 그 말씀의 축복을 놀라움으로 바라보게 될 것입니다. 마침내 간절한 마음이 생겨 열심을 다하여 말할 수 없는 축복을 소유하려고 주장하려고 할 것입니다.

나의 형제들이여! 날마다 주님의 발아래 나아와 부복하고 오직 그분에게 주목하여 그분의 말씀을 묵상하십시오. 그분의 거룩한 음성을 기다리면서 우리 자신을 그분 앞에 고요히 의탁합시다. 그 음성은 작고 차분하지만, 바위를 가르는 폭풍우보다 힘이 있어 "내 안에 거하라"고 말씀하실 때에 살리는 영을 우리 안에 불어넣어 주십니다. 예수께서 친히 말씀하시는 것을 진실로 듣는 심령은 그 말씀과 더불어 그분이 주시는 축복을 받으며 말씀을 지킬 수 있는 능력을 받습니다.

우리에게 말씀하시기를 기뻐하시며 복을 주신 구세주여, 우리들로 하여금 당신의 복된 음성을 듣게 하소서. 우리 속에 진실로 필요한 것을 깨닫게 하시고 당신의 놀라운 사랑에 대한 믿음을 주옵소서. 우리에게 내려주시려고 기다리시는 그 놀랍고도 복된 생활을 바라보게 하시옵소서. 주님께서 "내 안에 거하라"고 말씀하실 때마다 듣고 순종할 수 있게 만들어 주시옵소서.

주여!
"내가 당신 안에 거하나이다"라는 마음속에서
우러나오는 응답이 매일매일 더욱 분명해지고
충만하게 하소서.

제2장 너희 마음이 쉼을 얻으리니

수고하고 무거운 짐진 자들아
다 내게로 오라 내가 너희를 쉬게 하리라
나는 마음이 온유하고 겸손하니
나의 멍에를 메고 내게 배우라
그러면 너희 마음이 쉼을 얻으리니 마 11:28~29

"마음에 쉼을 얻으리라."

이것은 주님께서 무거운 죄짐을 진 죄인들을 구원하려고 하실 때 맨 처음 하신 약속입니다. 간단해 보일지 모르지만, 그 약속은 참으로 크고 더할 수 없이 포괄적인 것입니다. 마음에 쉼을 얻으리라는 것은 모든 두려움에서 구원을 받고 모든 필요를 채우시며 모든 소원을 이루어주심을 말하는 것이 아니겠습니까?

뿐만 아니라 그분은 방황하는 자를 간절히 다시 부르셔서 상을 주시며, 바라는 만큼 풍성하게 안식을 얻지 못해서 슬퍼하는 자를 다시 불러 주님 안에 거하게 하십니다. 여러분이 안식을 찾지 못하거나 찾았다 하더라도 방해받고 다시 잃어버리는 이유는 바로 여러분이 주님과 함께 그분 안에 거하지 못하기 때문입니다.

주님께서 자신에게 오라고 초대하신 말씀 속에 안식의 약속이 두 번 되풀이되어 있는 것을 발견한 적이 있습니까?

여러 가지 다른 것도 많지만 주님 안에 거하는 안식은 오직 가까이 함께하는 데서만 누릴 수 있음을 암시받을 수 있는 것입니다. 주님께서는 먼저 "내게로 오라 그러면 내가 너희를 쉬게 하리라"고 말씀하십니다. 즉 여러분이 나와서 믿는 바로 그 순간에 그분의 사랑 안에 영접하시며 용서의 안식을 주시겠다는 것입니다.

그러나 우리가 알다시피 하나님께서 주시는 모든 것이 온전히 우리의 것이 되기 위해서는 시간이 필요합니다. 그것들을 굳게 붙잡아 충분히 나의 것으로 만들어 우리의 속 중심에 스며들도록 해야 합니다. 그렇지 않고서는 우리 자신이 그리스도가 주시는 것을 풍성하게 체험하고 누릴 수 있는 것으로 만들 수 없습니다. 그래서 주님께서는 반복하여 그분의 약속을 말씀하시는데 거기에서 주님은 그분에게 나오는 곤고한 자들을 영접하시는 기본적인 안식을 강조하는 것보다는 오히려 그분과 함께 거하는 심령이 얻는 극히 개인적이고 깊은 안식을 말씀하시고 있습니다.

이제 주님은 단지 "내게 오라"고만 하시지 않고 "나의 멍에를 메고 내게 배우라"고 하십니다. 즉 제자가 되어 주님의 가르침과 훈련에 자신을 맡기며 모든 일을 그분의 뜻에 굴복시키며 여러분의 전 생활이 그분의 뜻과 같이 될 것을 요구하십니다. 그것이 "내 안에 거하라"는 말씀의 의미인데 바로 이것이 주 안에 거하는 안식을 얻는 길입니다.

여러분은 주님의 말씀 속에서 한때 누렸던 안식을 자주 잃어버리는 원인을 발견해야 합니다. 여러분은 예수께 온전히 자신을 드리는 것이 어떻게 해서 완전한 안식의 비결이 되는지를 이해하지 못했음이 틀림없습니다. 그분에게 생명을 송두리째 드려서 주님만이 다스리고 지배하시도록 하십시오. 그분의 멍에를 메고 가르침을 받고 인도함을 받도록 자신을 맡겨 버리십시오.

또한 그분을 배우고 그분 안에 거하며 그분이 원하시는 것만을 하며 그분이 원하시는 사람이 되는 것—바로 이것이 주님의 제자가 되는 조건들이며 그것이 없이는 그리스도께 처음 나왔을 때 얻었던 안식을 계속 지켜가려는 생각조차 하지 말아야 합니다. 안식은 그리스도 안에 있는 것이지 주님 자신과는 멀리 떨어진 무관한 것이 아닙니다. 그러므로 안식은 주님을 소유하는 데 있으며 그렇게 함으로써 안식을 즐기며 지킬 수가 있는 것입니다.

많은 젊은 신자들이 이 진리를 바로 붙잡지 못함으로 그 안식은 금방 사라져 버립니다. 어떤 이들은 그들이 실제로 잘 알지 못해서 그렇기도 합니다. 그들은 예수님께서 생활과 마음 전체가 결코 분리될 수 없는 충성을 요구하신다는 것을 배우지 못했던 것입니다.

또 우리 생활 가운데는 주님께서 지배하고자 하시지 않는 부분이 조금도 없다는 사실과 주님의 제자라면 아무리 작은 일이라도 주님을 기쁘시게 하려고 해야 한다는 것을 배우지 못한 것입니다. 그들은 예수님께서 얼마나 전적인 헌신을 요구하시는가를 몰랐던 것입니다.

어떤 사람들은 그리스도인이 살아가야 할 거룩한 삶이 어떤 것인지 조금은 알고 있으나 다른 곳에서 잘못되어 있는 경우도 있습니다. 즉 그들은 그러한 생활을 자신들도 할 수 있음을 믿지 못하는 것입니다. 한시도 예수님의 멍에를 놓지 않고 메고 견디는 것이 그들에게는 도무지 다다를 수 없는 굉장한 노력과 어느 정도의 행함이 요구되는 것으로 보이는 것입니다. 항상 그리고 매일 예수님 안에 거한다는 것은 너무도 고상한 일이어서 거룩하고 장성한 생활을 한 후에야 얻을 수 있을지 모르는 일이고 이제 처음 시작하는 연약한 초신자들에게는 어렵없는 일이라고 생각합니다. 그들은 예수님께서 "나의 멍에는 쉽다"라고 말씀하실 때 진리를 말하고 계신다는 것을 모르는 것입니다.

그러면 어떻게 멍에가 쉽다는 말입니까?

그것은 사람이 자기를 꺾고 순종하는 순간에 주님께서 친히 그 멍에를 즐겁게 멜 힘을 주시기 때문입니다. 그들은 주님께서 "내게 배우라"고 하시고 나서 "나는 마음이 온유하고 겸손하니"라고 하심으로써 그분의 자비는 그들의 모든 필요를 충족시키며, 어머니가 연약한 어린아이를 용납하듯이 주님께서 그들을 용납하신다는 사실을 깨닫지 못하였습니다. 또 주님께서 "내 안에 거하라"고 하실 때 그들이 단지 주님께 자신을 맡기게 하고 그분의 전능하신 사랑으로 그들을 굳게 붙잡고 지키시며 축복하시기 위하여 부르시는 것을 깨닫지 못하고 있는 것입니다.

어떤 사람들은 자신들이 온전히 성별 되지 못했다고 잘못 생각하여 실패하는데 그것은 그들이 전폭적으로 신뢰하지 못했기 때문입니다. 믿음과 성별, 이 두 가지는 그리스도인의 삶의 중요한 요소들로서 예수님께 모든 것을 받는 것을 말합니다. 그것들은 상호 관련되어 있으며 맡겨버린다는 한 단어 속에 포괄적으로 나타나 있습니다. 온전히 맡겨 버리는 것은 신뢰함으로 순종하는 것이며 순종함으로 신뢰하는 것입니다.

이렇듯이 처음부터 잘못 이해하고 있다면 제자의 삶이 소망했던 대로의 그러한 기쁨과 활력에 찬 것이 되지 못하는 것도 놀라운 일이 아닙니다. 어떤 일에 있어서는 알지 못한 채

죄에 이끌리기도 합니다. 그것은 예수님께서 얼마나 여러분을 전적으로 다스리시기를 원하시는가를 여러분이 배우지 못했기 때문입니다. 또 주님을 아주 가까이 모시고 있지 않으면 한순간도 바로 설 수 없다는 사실을 배우지 못했기 때문입니다. 또 다른 일들에 있어서 여러분은 어떤 것이 죄인지를 분별하지만 그것을 정복할 능력을 갖지 못합니다. 그것은 예수님께서 여러분을 전적으로 책임지셔서 돕고 지켜주시기를 얼마나 원하시는가를 여러분이 알지 못했고 또 믿지 못했기 때문입니다.

아무튼 여러분은 처음 사랑의 놀라운 기쁨을 곧 잃어버렸으며 의인의 길처럼 온전하게 될 날을 향하여 날마다 더욱 밝게 빛나던 여러분의 길은 마치 광야에서 방황하던 이스라엘 백성의 길과 같이 되어 버렸습니다. 광야의 이스라엘 백성들이 약속된 안식의 땅에 이르는 길은 그렇게 먼 길이 결코 아니었지만 그 땅에 들어갈 자격이 부족하여 그들은 언제나 광야를 헤매었던 것입니다.

오랜 세월 동안 목마른 사슴같이 이리저리 쫓겨 다녔던 지친 영혼들이여!

오늘 여기에 나아와서 안전과 승리와 평화와 안식이 있는 곳이 있다는 사실을 배우십시오. 거기에서는 틀림없이 평화와 안식을 얻을 수가 있는데 그곳은 여러분을 향하여 항상 문을 열어놓고 있는 예수님의 마음인 것입니다.

그러나 슬프게도 나는 어떤 사람들이 다음과 같이 말하는 것을 듣습니다.

"예수님 안에 거하는 일은 주님의 멍에를 항상 메어야 하고 그에게 배워야 하는데 그것은 말할 수 없는 노력이 필요한 것으로 차라리 세상과 죄악이 주는 것보다도 더 큰 짐을 지워주는 것입니다."

우리는 그러한 말을 얼마나 자주 들어왔으며 그것은 또한 얼마나 오해하고 있는 말입니까?

나그네가 집에서 쉬거나 피로를 풀기 위해서 침대에 누워 있는 일이 그에게 근심이 될 수 있습니까?

또는 어린아이가 어머니의 품 안에서 쉬는 것이 수고스러운 일이라고 말할 수 있습니까?

그 집은 나그네를 그 안에서 쉬도록 보호해 주는 곳이 아니겠습니까?

어머니의 품속은 어린아이를 보호하고 먹이는 곳이 아니겠습니까?

예수님도 이와 마찬가지입니다. 우리는 주님께 자신을 맡겨 버리기만 하면 되는 것입니다. 주님의 신실하심이 모든 약속을 이루어 주시며, 우리 심령을 그 품 안의 거처에서 편히 쉬게 하시고, 그분의 사랑으로 우리를 책임져 주신다는 확신 속에서 우리는 마음 놓고 편히 쉬는 것입니다.

어떤 사람들이 오해하는 것은 그 축복이 너무나 크므로 그들의 좁은 마음이 그것을 이해하지 못하기 때문입니다. 그것은 마치 우리가 전능하신 그리스도가 실제로 온종일 우리를 지키시며 가르치시리라는 것을 믿을 수 없었던 것과 같습니다. 그럼에도 불구하고 이것은 바로 주님의 약속입니다. 이것이 없이는 주님께서 우리에게 참으로 안식을 주실 수 없기 때문입니다. 그것은 주님께서 "내 안에 거하라", "내게 배우라"고 말씀하실 때 우리의 마음이 이 진리 안에서 받아들이는 것과 같은 것입니다.

주님께서는 진정으로 그것을 말씀하고 계시며, 우리가 자신들을 주님께 맡길 때 우리가 그분 안에 거하도록 지켜주시는 것이 주님의 일입니다. 그래서 우리는 감히 우리 자신들을 그분의 사랑의 품속에 던지며 그 복된 보호 가운데 우리 자신들을 맡길 수 있는 것입니다. 일을 어렵게 만드는 것은 멍에가 아니라 그 멍에를 거부하는 것입니다. 마음을 다하여 우리의 보호자요, 주인이 되시는 예수님께 헌신하면 안식을 발견하고 그것을 영원히 누릴 수 있는 것입니다.

나의 사랑하는 형제들이여, 바로 오늘 여기에 나와서 아주 단순하게 예수님의 말씀을 받아들이도록 합시다. 그 말씀은 분명히 "나의 멍에를 메고 내게 배우라", "내 안에 거하라"는 명령입니다. 순종하는 연구자는 가능성이나 결과에 대해 질문하지 않습니다. 그는 단지 그의 선생님이 제공해 주신 필요한 모든 순서와 질서를 받아들입니다. 우리로 하여금 축복을 누리며 평안하게 하고 그것을 보존하고 능력을 얻게 하는 것은 "나는 순종할 뿐이고 주님은 준비하신다"라는 말처럼 주님 편에 속한 일입니다. 우리도 즉각 순종함으로 오늘 그분의 명령을 받아들이고 담대하게 다음과 같이 응답합시다.

"주여, 내가 당신 안에 거하나이다. 주님의 명령을 좇아 나는 당신의 멍에를 메나이다. 내가 지체하지 않고 의무를 감당하옵니다. 내가 당신 안에 거하나이다."

실패하면 어쩌나 하는 생각이 떠오를 때마다 오히려 그것은 그 명령에 대한 새로운 용기를 줄 뿐이며 어느 때보다도 진지하게 그 말씀에 귀를 기울이도록 우리를 가르치시는 것입니다. 그래서 성령님은 다시금 예수님께서 소망과 순종을 낳게 하는 사랑과 권위를 가지고 "아이야! 내 안에 거하라"고 말씀하시는 목소리를 들려주십니다. 틀림없이 이루어지고야 말 거룩한 약속인 주님 자신에게서 그 말씀이 나오는 것을 들음으로 모든 의심이 사라지며 그 말씀의 의미가 아주 단순한 것임을 알게 됩니다. 예수님 안에 거하는 것은 자신을 포기하고 오로지 주님의 인도와 가르침과 다스림을 받아서 영원한 사랑의 품 안에서 안식하는 것입니다.

이같이 주님 안에 거하려고 나오는 자들이 발견하는 축복은 하나님 자신의 평안과 교제하고 그 열매를 미리 맛보는 얼마나 놀라운 안식입니까?

그것은 하나님의 평화요, 우리의 이성과 지식을 초월하는 것으로 우리의 마음과 정신을 지켜주는 영원한 세계의 놀라운 평안입니다. 이 같은 은혜를 받았으니 우리는 모든 일에서 힘을 얻고 모든 싸움에서 용기를 얻으며 십자가를 질 때마다 축복을 받아 죽음의 자리에서라도 생명의 기쁨을 누리는 것입니다.

나의 주님이여!
당신이 주신 축복이 너무 놀라워서 감히
기대하지 못할 때 믿음과 순종을 일깨우소서.
또 나의 마음에 다시금 의심과 두려움이 생길 때
나의 순종과 믿음을 깨우칠 수 있도록
"내 안에 거하라 나의 멍에를 메고 내게 배우라
그러면 너희 마음이 쉼을 얻으리니"라는
주의 목소리를 들려주소서.

제3장 주님을 신뢰하라

오직 내가 그리스도 예수께 잡힌 바 된
그것을 잡으려고 좇아가노라 빌 3:12

우리들은 그리스도 안에 거하는 일이 복된 특권이며 거룩한 의무라는 것을 인정하지만 주님과의 계속적인 교제의 생활이 가능할까 하는 질문 앞에서는 움츠리며 위축감을 느낍니다. 또 그것이 그러한 은혜를 받을 기회가 주어졌던 특별한 그리스도인들에게나 가능한 일이라고 생각하는 것입니다. 그래서 예수를 따르는 대부분의 사람들이, 하나님의 약속에 따라 그들에게 이러한 생활을 누릴 수 있는 기회들이 충만히 주어져 있지만 감히 엄두를 내려 하지 않습니다. 그러나 이러한 생활의 영광스러움과 축복을 알수록 모든 것을 버리고서라도 그것을 얻으려고 할 것입니다. 하지만 너무 연약하고 충실하지 못하여 그 축복들을 얻지 못합니다.

얼마나 안타까운 심령들입니까?

하나님께서 그렇게 연약하고 믿음이 적은 자들을 위하여 그리스도 안에 거하는 생활의 축복을 주시려고 하는 것을 어찌 깨닫지 못합니까?

하나님께서는 무슨 큰일을 할 것을 요구하시는 것이 아니며, 우리가 먼저 거룩하고 온전한 생활을 할 것을 요구하시는 것도 아닙니다. 정말 그렇습니다. 그것은 단지 연약한 자가 전능자를 신뢰함으로 자신을 지켜주시도록 맡기는 일이며, 불충성한 자가 전적으로 신실하고 진실한 분에게 스스로를 던져 버리는 일입니다. 주님 안에 거하는 일은 그분이 주시는 구원을 누리기 위한 조건으로서 우리가 해야 할 어떤 행위를 말함이 아니고 주님께서 우리를 위하여 그리고 우리를 통하여, 우리 안에서 모든 것을 행하시도록 기꺼이 자리를 내드리는 것을 말합니다. 그것은 오히려 주님께서 우리를 위하여 행하시는 일이며 그분의 구속과 사랑의 능력이요, 열매인 것입니다. 우리들 편에서는 그저 주님께서 행하시려는 일을 기다리고 신뢰하고 거기에 복종하는 것입니다. 주님 안에 처소가 예비되어 있다는 말씀에 의지하여 고요하게 기대하고 신뢰하는 것입니다.

그러나 슬프게도 그리스도인들이 그 말씀에 의지하지 못하고 있습니다. 그들은 주님께서 "내 안에 거하라"고 말씀하실 때 졸지도 아니하시고 주무시지도 아니하시면서 이스라엘을 지키시는 그 능력과 사랑으로 우리 심령이 거할 본향으로서 친히 그 자신을 내어주신 사실을 좀처럼 받아들이려고 하지 않습니다. 거기에서는 주님의 은혜의 놀라운 능력이 우리의 모든 연약함으로 길을 잃지 않도록 지켜주실 것입니다. 용서와 회개는 하나님의 일이며 그들은 그에 대한 감사함으로 이제 그리스도인으로서 살아가며 예수를 따라가는 것이 은혜라고 생각합니다. 비록 그들이 도움을 간구하지만, 그들은 항상 무엇인가 해야 한다는 생각에 사로잡혀 있습니다. 그들은 계속 실패하며 소망이 없어지고 낙심하여 단지 무능함을 한탄하게 됩니다.

방황하는 자들이여, 결코 그렇지 않습니다. 주님께서 처음 여러분을 인도하실 때 "오라"고 하셨듯이 "거하라"고 하실 때 여러분을 지키는 자도 예수님이십니다. 주님 앞에 나가는 은혜와 거하는 은혜는 모두 다 오로지 주님으로부터 오는 것입니다. 오라, 들으라, 묵상하라, 영접하라는 말들은 여러분을 더욱 가까이 이끄시는 사랑의 끈으로 연결되어 있습니다. "거하라"는 말씀은 주님께서 여러분을 그 자신에게 굳게 붙들어 매는 줄입니다. 여러분의 심령은 예수님의 음성을 주의 깊게 들어야 합니다. 주님께서는 그분 안에, 즉 그분의 전능하신 품 안에 여러분이 거할 처소가 있다고 말씀하십니다. 그분은 "너를 그렇게 사랑하는 자가 바로 내 안에 거하라고 말하는 나이니라. 너는 진실로 나를 신뢰할 수 있으리라"고 말씀하십니다. 예수님의 음성이 거하는 심령에게서는 반드시 "그렇습니다. 주님, 여러분 안에 내가 거할 수 있으며 거하리이다"라는 반응이 나올 수밖에 없습니다.

"내 안에 거하라"는 이 말씀은 행할 능력이 없는 죄인에게 요구하는 모세의 율법이 아닙니다. 주님의 명령은 율법과는 전혀 다른 형태의 독특한 명령입니다. 모든 무거운 짐과 두려움과 절망의 느낌들이 사라져 버릴 때까지 이 말을 깊이 생각하십시오. 그리고 예수님 안에 거하라는 말씀을 들었을 때 그것이 밝고 기쁜 소망이 되기까지 그 말씀을 묵상해 보십시오. 그것은 나를 위한 말씀이니 정녕 내가 그것을 누리리라고 생각해야 합니다.

여러분은 냉혹하게 행하라고 명령하는 율법 아래 있는 것이 아니며 그리스도께서 여러분을 위하여 행하실 것을 믿는 축복 아래 있는 것입니다. "그래도 우리가 무엇인가 해야 할 일이 있겠지요?"라는 질문에는 "우리의 행함과 순종은 단지 우리 안에서 일하시는 그리스도의 역사하심의 열매이다"라고 대답해야 합니다. 우리의 심령이 수동적이 되어서 그리스도가 행하신 일을 의지하고 바라볼 때 가장 큰 힘을 얻게 되고 효과적으로 행할 수 있게 되는 것입니다. 그것은 주님께서 우리 안에서 일하신다는 것을 알기 때문입니다. "내 안에"라는 말 속에서 풍겨나는 놀라운 사랑의 능력이 우리에게 다가와 우리를 붙들어서 모든 힘을 주님 안에 거하는 데 쓰도록 격려하는 것입니다.

그리스도의 역사와 우리의 행위 사이의 관계는 바울의 다음과 같은 말속에 훌륭하게 나타나 있습니다.

> 오직 내가 그리스도 예수께 잡힌 바 된 그것을 잡으려고 좇아가노라 빌 3:12

즉 능력 있고 신실하신 자가 그를 붙잡고 자신과 하나가 되도록 만드시려는 영광스러운 목표를 갖고 계시므로 바울은 그 영광스러운 상급을 붙잡기 위하여 달려간다고 했던 것입니다. 믿음과 체험 그리고 "그리스도께서 나를 붙잡으셨다"라는 충만한 확신이 그에게 용기를 주고 계속 붙잡도록 힘을 주는 것입니다. 그리스도께서 그를 붙잡으시고 지키심으로 위대한 목표에 이르게 하신다는 것을 새롭게 깨달을 때마다 바울은 새로운 힘을 얻고 목표를 향해 정진할 수 있었습니다.

자기의 아들이 벼랑을 기어오르는 것을 도와주는 아버지를 생각해보면 바울의 표현과 또 그것을 그리스도인의 생활에 적용하는 문제를 가장 잘 이해할 수 있습니다. 아버지는 위에서서 아들의 손을 잡고 그가 올라오는 것을 도와줍니다. 아버지는 아들이 올라오면서 발을 디딜 수 있는 곳을 가르쳐 줍니다. 너무 간격이 멀어서 아들 혼자 오르기에는 위험할지도 모릅니다. 그러나 그는 아버지의 손을 믿기에 아버지께서 손을 붙잡아 올리시는 곳으로 뛰어오르는 것입니다. 아들이 안심하고 뛰어오르며 그의 최선의 힘을 다 발휘할 수 있는 것은 아버지의 힘을 믿는 믿음 때문입니다.

연약하고 자신을 잃고 있는 신자들이여!

여러분과 그리스도와의 관계도 바로 이와 같은 것입니다. 무엇보다도 주님께서 여러분을 붙드시는 것에 주의를 집중하십시오. 그것이 바로 주 안에 거하는 생활이며 주님께서 여러분을 높이 들어 올려서 계속적으로 교제하기를 원하시는 바입니다. 여러분이 이미 받은 모든 용서와 은혜와 성령도 단지 예비적인 과정에 불과합니다. 여러분이 보는 모든 것들 즉 앞으로 약속된 것들-거룩함, 풍성한 열매, 영원한 영광-은 이러한 생활의 자연적인 결과인 것입니다.

주님과의 연합, 그래서 결국 아버지와 연합하게 하는 것이 주님의 최고 목표입니다. 주의를 여기에 집중하여 그것이 분명하고 바르게 이해될 때까지 주의하여 보십시오. 나를 그 자신 안에 거하도록 하시는 것이 그리스도의 목표입니다. 그러고 나서 두 번째 단계 즉 내가 이것을 위하여 그리스도께 붙들림 받았음을 생각하십시오. 그의 전능하신 능력이 임하여 나를 붙잡으시고 그가 원하시는 곳으로 들어 올립니다. 오직 그리스도만 바라보십시오. 그의 눈에서 오는 광명한 빛에 주목하십시오. 그는 여러분을 찾으시고 가까이 오셔서 이끄시며 그를 신뢰할 수 있는지를 물으십니다. 그의 능력의 팔을 바라보면서 그가 참으로 여러분을 그 안에 거하도록 하실 수 있다고 확신하십시오.

주님이 가리키는 곳 즉, 그가 여러분을 부르시는 복된 곳을 생각하면서 붙잡아 들어 올리려고 기다리시는 그에게 주목하여 바로 오늘 여러분이 걸음을 옮겨 그리스도 안에 거하는 복된 생활로 들어가지 않으시렵니까?

그렇습니다. 지금 당장에 시작하십시오. 그리고 다음과 같이 노래하십시오.

> 오! 내 주 예수님,
> 주님이 명하시고
> 나를 그곳에 붙들어 올리시면 감히 따르겠나이다
> 내가 떨면서 주를 의지하고 예수님,
> 내가 당신 안에 거하나이다 하고 말하리이다.

나의 사랑하는 형제, 자매여! 예수님과 홀로 교제하는 시간을 갖고 그분에게 위와 같이 말하십시오. 내가 단지 유쾌한 종교적인 감정을 일으키기 위하여 감히 주님 안에 거하는 일을 말하려는 것은 아닙니다. 하나님의 진리는 당장이라도 믿고 실천해야 하는 것입니다. 바로 오늘, 여러분 자신을 주님께서 요구하시는 한 가지 일에 바치십시오. 그분 안에 거하기 위해 자신을 포기하십시오. 주님께서 몸소 여러분 안에서 그 역사를 이루실 것입니다. 주님을 신뢰하고 그분과 동행하도록 주님께서 지켜주실 것을 믿어야 합니다.

다시 의심이 일어나거나 혹은 실패의 쓰라린 체험이 낙심케 한다면 바울이 어디에서 힘을 얻었는지를 기억하십시오. "내가 예수 그리스도께 붙들린 바 되었다"는 그러한 확신 속에서 여러분의 힘이 솟는 것입니다. 그것으로부터 여러분은 주님께서 마음을 두신 곳을 바라볼 수 있으며 또한 그곳에 여러분의 마음을 둘 수 있는 것입니다. 그렇게 함으로써 주께서 시작하신 선한 일을 그분이 이루시리라는 믿음과 확신을 갖게 되는 것입니다.

그리고 그러한 확신 속에서 매일매일 새롭게 용기를 얻어 "내가 그리스도 예수께 잡힌 바 된 그것을 잡으려고 좇아가노라"고 고백하는 것입니다. 그것은 예수께서 나를 붙잡으시고 지키시기 때문이며 그러므로 내가 담대히 "주여 내가 당신 안에 거하나이다"라고 말할 수 있는 것입니다.

제4장 너희는 가지라

나는 포도나무요 너희는 가지니 요 15:5

주님께서는 "내 안에 거하라"는 말씀을 포도나무의 비유와 관련하여 처음으로 사용하셨습니다. 그 비유는 단순하지만 그 교훈은 의미심장한 것이며 우리를 초대하시는 그 연합과 주님의 명령에 대한 의미를 가장 완벽하게 설명해 줍니다.

그 비유는 연합의 본질에 대해 가르쳐주고 있습니다. 포도나무와 가지는 서로 살아있는 관계를 맺고 있습니다. 외부적이며 잠시 동안의 결합으로는 불충분하고 또 인간의 어떠한 행위도 그 연합의 효과를 낼 수 없습니다. 그 가지는 그것이 원가지든지 접붙인 것이든지 오직 창조자의 행위를 통해서만 포도나무의 생명과 수분, 양분 등이 그 가지와 통하게 되는 것입니다. 이것은 믿는 자들에게도 마찬가지로 적용되는 원리입니다. 신자가 그 주님과 연합하는 것은 인간의 지혜나 인간의 뜻으로 되는 것이 아니며, 하나님의 행위에 의해서 되는 것입니다. 오직 하나님의 행위에 의해서만 죄인과 하나님의 아들 사이에 참으로 밀접하고 온전한 생명의 연합이 이루어집니다.

"하나님께서 너희 마음속에 그 아들의 영을 보내셨느니라."

그 아들 안에 거하셨으며 지금도 거하시는 그 영이 믿는 자의 생명이 되셨습니다. 그 한 분이신 영과 연합하여 그리스도 안에서 그와 같은 생명의 교제 안에 있는 자는 주님과 하나인 것입니다. 포도나무와 가지의 관계에서처럼 그것은 하나로 만드는 생명의 연합입니다.

그 비유는 그 연합의 완전성을 가르쳐 줍니다. 포도나무와 가지 사이의 연합은 그토록 밀접한 것이어서 서로 떨어져서는 아무것도 아니며 서로 관련을 맺을 때만 온전하게 됩니다. 포도나무가 없이는 하나님은 아무것도 하실 수가 없습니다. 가지는 포도나무에 의하여 포도원의 장소를 제공받으며 그 생명과 열매를 부여받습니다. 그러므로 주님은 말씀하십니다.

"나를 떠나서는 너희가 아무것도 할 수 없느니라."

믿는 자는 매일 그분 안에 거하시는 그리스도의 능력을 통하여 행하는 것으로만 하나님을 기쁘시게 할 수 있습니다. 날마다 흘러넘치는 성령의 생명 샘은 믿는 자가 열매를 맺는 유일한 능력이 됩니다. 그는 주님 안에서만 살고 매 순간 주님만을 의지합니다. 가지가 없이는 포도나무 역시 아무것도 할 수 없습니다. 가지가 없는 포도나무는 열매를 맺지 못합니다. 가지가 포도나무에 의존하고 있는 것 못지않게 포도나무도 가지에 의존하고 있습니다.

이것은 예수님의 놀라운 겸손의 은혜로서 그분의 백성들이 그분에게 의존함같이 그분 자신도 그분의 백성에게 의존하십니다. 그분의 제자들이 없다면 주님께서도 이 세상에 그분의 축복을 베풀어주실 수가 없습니다. 즉 죄인들에게 하늘나라 가나안 땅의 포도송이를 주시지 못하는 것입니다. 놀라지 마십시오. 이것은 주님의 섭리이며 주님께서 구속하신 자들을 부르시는 높은 특권이요 영광입니다. 그러므로 천국에서 그들과 주님을 분리할 수 없듯이 주님을 통하여 그들이 열매를 얻으며 땅에서도 불가분리의 관계이므로 가지를 통하여 주님의 열매가 나타나는 것입니다.

믿는 자들이여! 여러분의 심령이 그리스도와 믿는 자의 온전한 연합의 신비 안에서 주님을 경배할 때 이 사실을 묵상해 보십시오. 가지나 포도나무가 서로의 관계를 떠나서는 아무것도 아니듯이 서로 분리되어서는 아무것도 기대할 수 없습니다. 포도나무는 포도나무가 가진 양분이나 당분을 스스로 얻는 것이 아니며 모든 것을 그 가지들에게 의존하고 있는 것입니다. 또한,, 포도나무는 부모님이 자녀에게 하듯이 가지들에게 봉사하는 것입니다. 우리에게 생명을 주신 예수님께서 얼마나 기꺼이 우리를 위하여 자신을 남김없이 내어주셨는지를 생각해 보십시오.

> 내게 주신 영광을 내가 저희에게 주었사오니 요 17:22

> 나를 믿는 자는 나의 하는 일을 저도 할 것이요 또 이보다 큰 것도 하리니 요 14:12

믿는 자들이여, 그분의 모든 충만함과 부요함은 여러분들을 위한 것입니다. 포도나무는 혼자서만 살지 않고 자신을 위해서는 아무것도 갖지 않으며 가지들을 위해서만 존재하기 때문입니다. 예수님께서 천국에 계시는 것도 모두 우리를 위하시기 때문입니다. 주님은 거기에서도 우리들과 관련된 일에 관심을 가지십니다. 우리들의 대변자로서 아버지 앞에 서십니다. 그리고 가지가 가진 모든 것은 포도나무에 속한 것입니다. 가지는 혼자서만 존재하는 것이 아니며 포도나무의 훌륭한 성품을 나타내주는 열매를 맺기 위한 것입니다.

가지는 포도나무에게 봉사한다는 사실을 제외한다면 존재의 이유가 없어지는 것입니다. 예수께서 그 자신을 전폭적으로 우리에게 주신 것같이 우리도 자신들이 온전히 주의 것임을 자각해야 합니다. 우리 생활의 매순간의 모든 생각과 능력, 감정도 예수님께 속한 것이며 주님을 위해 주님으로부터 열매를 맺는 것입니다. 우리가 포도나무가 가지와 어떤 관계에 있으며 가지가 포도나무에게 무엇을 해야 하는지를 깨닫는다면 우리는 오직 한 가지만을 생각하고 그것만을 위하여 살아야 함을 깨닫게 됩니다. 그것은 주님의 나라와 뜻과 영광을 위하여 즉 주의 이름의 영광을 위하여 열매 맺는 생활인 것입니다.

그 비유는 그 연합의 목적에 대해 가르쳐 주고 있습니다. 가지는 열매만을 위하여 존재합니다.

> 무릇 내게 있어 과실을 맺지 아니하는 가지는 아버지께서 이를 제해 버리시고 요 15:2

가지는 그 자신의 생명을 유지하기 위해 그리고 완전한 열매를 위해 잎들이 필요합니다. 열매 자체는 그 주변 사람들에게 나누어주기 위해 맺히는 것입니다. 마찬가지로 믿는 자가 가지로 부름을 받았으면 자기 자신을 잊어버려야 하며 전적으로 다른 사람들을 위해 살아야 합니다. 예수님께서는 다른 사람들을 사랑하며, 그들을 위해 간구하시며, 구원하시기 위해 오셨습니다. 그러므로 포도나무에 있는 이 모든 가지들은 포도나무 자체를 위해서도 살아야 하는 것입니다. 아버지께서 우리를 예수와 하나 되게 하심은 많은 열매를 맺게 하기 위함입니다.

이 놀라운 포도나무의 비유는 천국 생활의 신비와 하나님의 사랑과 신령한 세계의 신비를 드러내는 것입니다.

아! 내가 얼마나 주님에 대해 아는 것이 없었던가?

예수님은 하늘에 살아계신 포도나무이시며 이 땅의 나는 살아있는 가지입니다.

내가 얼마나 주님을 절실히 필요로 하며, 그분의 모든 충만함을 필요로 하는지 얼마나 모르고 있었던가?

나의 텅 빈 심령에 얼마나 주님이 필요하며 주님의 온전한 요구에 대해 나는 얼마나 모르고 있었던가?

주님의 놀라운 빛을 받아 예수님과 그분의 백성의 놀라운 연합에 대해 연구함으로써 사랑하는 주님과의 충만한 교제로 나를 인도하시기를 바랍니다. 나로 하여금 듣게 하시며 믿게 하셔서 내가 전심으로 다음과 같이 부르짖게 하소서.

> "예수님은 진실로 나에게 참 포도나무가 되시며 나를 먹이시고 나의 필요를 채워주시며 나를 사용하시며 나로 하여금 풍성한 열매를 맺도록 채워주십니다."

그리고 나는 두려움 없이 말하게 될 것입니다.

"나는 참 포도나무이신 예수님에 대해 참된 가지로서 그분 안에 거하며, 그분에게서 안식을 얻으며 그분을 기다리고 섬기며, 나를 통해 그분의 은혜의 부요하심을 나타냄으로써 이 죄악 세상에서 그분의 열매를 맺으며 살기를 원합니다."

우리가 그 비유의 의미를 이해하려고 이같이 노력할 때 비로소 비유를 통해 우리에게 내려주신 복된 명령이 우리 마음속에 진정한 능력으로 와닿는 것입니다. 포도나무의 가지에 대한 관계와 그리스도의 믿는 자에 대한 관계를 생각해볼 때 "내 안에 거하라"는 말씀에서 새삼스러운 힘을 느끼게 됩니다. 그것은 주님께서 다음과 같이 말씀하시는 것과 같습니다.

"내가 너희에게 얼마나 전폭적으로 연합하였는지 생각해 보라. 나는 너와 분리할 수 없게 연합하였다. 포도나무의 모든 풍성함과 그 자양분은 실제로 너의 것이다. 이제 네가 내 안에 있게 되면 나의 모든 것이 전부 너의 것이 되는 것을 확신하라. 네가 열매를 많이 맺는 가지가 되는 것이 나의 관심사요, 영광이다. 내 안에 거하기만 하라. 너는 약하지만 나는 강하다. 너는 가난하지만 나는 부요하다. 네 자신을 온전히 나의 가르침과 율법에 복종시키라. 나의 사랑과 은혜와 약속들을 그저 믿기만 하라. 내가 전적으로 너의 것임을 믿기만 하라. 나는 포도나무요 너희는 가지니 내 안에 거하라."

나의 영혼아! 너는 무엇이라고 하는가?

내가 어찌 더 이상 지체하며 주저하겠는가?

참 포도나무의 가지로서의 삶을 내가 이루는 것은 얼마나 어렵고 힘든 일일까만을 생각지 말고 오히려 그것을 하늘 아래서 가장 기쁘고 복된 일로 생각합시다.

이제 그분 안에 있게 되었으니 그분이 친히 나를 지키시며 그분 안에 계속 거하게 하실 것을 믿어야 하지 않겠습니까?

나의 입장에서 보면 그분 안에 거하는 것은 단지 나의 위치를 받아들이고 거기에 머물기로 하는 것이며, 튼튼한 포도나무를 향한 믿음의 헌신이고, 그 포도나무가 연약한 가지를 붙들도록 하는 것입니다. 내가 주 예수님 안에 거하리라.

> 주님!
> 당신의 사랑은 말로 할 수 없나이다.
> "이 지식이 나에게는 너무나 놀라운 것이며
> 너무 고상하므로 내가 알 수 없나이다."
> 나는 단지 당신의 사랑에 자신을 맡길 뿐이오며
> 주께서 나에게 귀한 비밀을 깨닫게 해 주시도록 기도하며
> 사랑하는 제자들을 격려하여 그들이 마음속에서
> 진실로 행하도록 도와주소서.
> 항상 온전히
> 당신 안에 거하기만을 원하나이다.

제5장 믿음으로 나아오라

그러므로 너희가 그리스도 예수를 주로 받았으니
그 안에서 행하되 그 안에 뿌리를 박으며 세움을 입어
교훈을 받은 대로 믿음에 굳게 서서
감사함을 넘치게 하라 골 2:6~7

이 말씀에서 사도는 귀한 교훈을 가르쳐 줍니다. 처음에 우리가 그리스도 앞에 나와서 그분과 연합하게 되었던 것도 믿음으로 말미암았던 것이고, 현재 그리스도와의 연합을 굳게 하고 뿌리를 박은 것도 믿음으로 말미암아서 되었다는 사실입니다. 신령한 생활에 있어서는 처음 시작할 때 못지않게 장성하는 과정 속에서도 믿음이 중요한 것입니다. 그리스도 안에 거하는 것은 오직 믿음으로만 가능합니다. 진실한 그리스도인 중에서도 이 사실을 올바로 이해하지 못하고 있는 사람이 많습니다. 이해했다고 하더라도 이론뿐이지 실제로 적용하는 데는 실패하고 있는 것입니다. 그들은 그리스도를 처음 영접했을 때의 자유로운 복음과 이신칭의에 대해서는 아주 열심입니다.

그러나 그 후에는 모든 것이 우리의 노력과 충성에 달려있다고 생각하는 것입니다. 그들이 "죄인은 믿음으로 말미암아 의롭다 함을 얻으리라"는 진리만을 굳게 붙잡고 있는 동안은 그들의 신앙체계 안에서 "의인은 믿음으로 살리라"는 더 큰 진리를 발견할 여지가 없을 것입니다. 그들은 예수님이 완전한 구주가 되시며 죄인이 처음으로 그분 앞에 나왔을 때에 하셨던 것 못지않게 그분이 매일 죄인을 위해 일하고 계신다는 사실을 이해하지 못하고 있습니다. 은혜의 생활이란 오직 믿음의 생활이라는 것과 예수님과의 관계에 있어서 제자들이 끊임없이 믿고 의지하는 것이 그들의 의무라는 사실을 모르고 있습니다.

하나님의 은혜와 능력이 사람의 마음속에 넘쳐흐르게 되는 것은 오직 '믿는다'고 하는 한 가지 통로를 통해서입니다.

신자의 옛 본성은 지금도 죄악 된 상태로 남아있는 것입니다. 그는 어쩔 수 없는 텅 빈 심령으로 힘과 새 생명을 받기 위하여 주님 앞에 나아옴으로써만이 하나님의 영광을 위하여 의의 열매를 맺을 수가 있는 것입니다. 그러므로 사도는 다음과 같이 가르칩니다.

"너희가 그리스도 예수를 주로 영접하였으면 그 안에서 행하라 그 안에 뿌리를 박고 믿음으로 세움을 받고 그 안에 충만히 거하라."

그리스도 예수 앞에 나왔다면 믿음으로 그분 안에 거하십시오.

예수님 안에 거하므로 믿음이 행함으로 나타나서 주님 안에 더 깊이 뿌리박기를 원한다면 주님을 처음 영접하던 때를 다시 돌아보아야 합니다. 여러분은 믿음을 갖는 데 있어서의 장애요소로서 처음에 어떤 것들이 있었다는 것을 잘 기억할 것입니다. 우선은 죄책감과 비천함 때문에 이런 죄인에게 사랑과 용기가 주어진다는 것은 불가능한 일로 보였을 것입니다. 또 부르심을 받은 사실을 믿고 거기에 자신을 맡겨버릴 힘이 없음을 느끼면서 동시에 죽음과 연약함을 자각했을 것입니다. 그러나 거기에는 미래가 있었습니다. 여러분이 서 있을 수 없음을 느낄 때 감히 예수님의 제자가 되려 하지 않고 다시 넘어져서 불신앙의 자리로 떨어지기도 합니다. 이러한 난관들은 우리의 나아가는 길에 산맥 같은 것입니다.

어떻게 해야 이러한 난관들을 물리칠 수 있습니까?

그것은 오직 하나님의 말씀에 의해서입니다. 그 말씀은 여러분을 강권하여 믿도록 할 뿐만 아니라 과거에 대한 죄책감, 현재의 연약함, 미래의 불충분성에도 불구하고 예수님께서 여러분을 구원하시고 영접하시겠다는 확실한 약속을 주는 것입니다. 그 말씀을 의지하고서 여러분은 감히 주 앞에 나오는 것이며 실망하지 않는 것입니다. 여러분은 예수께서 참으로 구원하시고 영접하시려는 것을 알 수 있을 것입니다.

여러분이 예수님께 나왔을 때 겪었던 이 체험을 주님 안에 거하는 일에도 적용하십시오. 그러나 믿지 못하도록 막는 유혹은 많습니다. 제자가 된 이후에는 죄에 대해 생각할 때마다 부끄러움으로 의기소침해지며, 예수께서 여러분을 영접하여 완벽한 교제로 이끄시며 그의 거룩한 사랑을 충분히 즐기도록 해주시기를 기대하는 것은 너무 과분하게 보일 것입니다. 여러분이 지난날에 성스러운 맹세를 지키는 데 전적으로 실패했다는 사실을 생각하면 그때나 현재의 연약함에 대한 죄책감 때문에 주님의 명령에 응하여 "주여! 이제부터 내가 주 안에 거하겠나이다"라는 약속으로 응답하기가 매우 두려울 것입니다.

그리고 여러분 앞에 놓인 기쁨과 사랑의 생활, 열매가 풍성하고 거룩한 생활이 그분 안에 거함으로써만 누릴 수 있음을 생각한다면 오히려 여러분을 더욱 소망 없게 만들 것입니다. 적어도 여러분이 그것을 얻는 것은 불가능하게 생각됩니다. 여러분은 자신을 너무도 잘 압니다. 그것을 기대하는 것은 아무 소용이 없고 단지 실망할 뿐이며 전적으로 예수님 안에 거하는 생활은 여러분과는 상관없는 것처럼 보이는 것입니다.

그러나 여러분은 맨 처음 주 앞에 나올 때부터 하나의 교훈을 배웠어야 합니다. 사랑하는 자여, 어떻게 여러분의 모든 감정과 체험에 반하여 지금까지 인도함을 받아왔는지 생각해 보십시오.

건전한 판단력을 가지고 자신을 비추어볼 때 예수님의 말씀을 액면 그대로만 본다면 어찌 낙심하지 않겠습니까?

그러나 주님께서 정말로 여러분을 영접하시고 용서하시며 사랑하시고 구원하셨다는 것을 여러분은 잘 알고 있습니다.

여러분이 하나님과 원수 되고 타인으로 있었을 때 이렇게 행하셨다면 이제 여러분이 그분의 것이 되었는데 그분의 약속을 이루실 것은 더욱 분명한 사실이 아니겠습니까?

여러분은 그분 앞에서 그 말씀을 듣고 다음과 같은 한 가지 질문만을 해야 할 것입니다.

"주님께서 참으로 나를 그분 안에 거하게 하실 것입니까?"

주의 말씀이 주시는 대답은 분명하고도 간단합니다. 주의 전능하신 은혜로 이제 여러분은 그분 안에 있게 되었습니다. 바로 그 은혜의 능력이 여러분을 그분 안에 거하도록 할 것입니다. 여러분은 믿음으로 기본적인 은혜에 참여하는 자가 됩니다. 바로 그 믿음으로 계속해서 그분 안에 거하는 은혜를 누릴 수 있는 것입니다.

그분 안에 거함을 믿어야 한다는 것이 구체적으로 무엇이냐고 묻는다면 대답은 어렵지 않습니다. 무엇보다도 우선 주님이 "나는 포도나무요"라고 하신 말씀을 믿으십시오. 우선 가지가 보호를 받고 열매를 맺는 것은 포도나무의 강건함에 달린 문제입니다. 여러분이 우선 포도나무이신 그리스도에 대한 믿음으로 충만하기까지는 여러분이 가지라는 것을 내세우지도 말며 그분 안에 거하는 것이 의무라고 생각지 마십시오.

주님은 포도나무가 가지에게 하듯이 여러분을 굳게 붙드시며 양분을 공급하시고 매순간 여러분의 성장과 열매맺는 일에 주님이 스스로 책임을 지시는 것입니다. 곰곰이 생각해 보십시오. 그리고 마음속으로 다음과 같이 믿으십시오.

"나의 모든 필요한 것을 의지할 수 있는 포도나무는 그리스도이십니다."

그리스도는 크고 튼튼한 포도나무가 지탱해주는 것보다 더 견고하게 붙들어 주십니다. 여러분이 그 안에서 생명과 처소를 가지고 있는 그리스도가 얼마나 영광스러우시며 사랑스럽고 능력 있는 분이신가를 보여주시도록 아버지께 간구하십시오. 그리스도가 어떠한 분인가를 아는 믿음은 무엇보다도 여러분을 그리스도 안에 거하도록 해줄 것입니다. 포도나무에 대해 많이 생각하는 심령은 튼튼한 가지가 될 것이며 그분 안에 안심하고 거할 것입니다.

그리스도에게 온통 사로잡히며 참 포도나무이신 그분을 온전히 의지하십시오. 그리고 믿음으로 "그분은 나의 포도나무다"라고 말하며 나아가서는 "나는 그분의 가지이며 나는 그분 안에 있다"고 고백할 수 있는 자리에까지 나아가십시오.

나는 스스로 그리스도의 제자들이라고 고백하는 사람들에게 권고하는 것입니다. "나는 주님 안에 거한다"라고 고백하여 그들의 믿음을 표현하는 일에 대한 중요성을 어떻게 강조해야 할지 모르겠습니다. 주 안에 거하는 것은 이같이 간단한 일입니다. 내가 "이제 나는 주님 안에 있다"라고 묵상하면서 분명하게 그것을 느낄 때 부족함이 없으며, 오직 주님이 내게 원하시는 대로 되며, 주님이 나를 두신 곳에 있는 것을 기뻐하게 될 것입니다.

그리스도 안에 있다는 단순한 고백을 주의깊게 기도하는 마음으로 말할 수 있다면 이것은 위대한 목표처럼 모든 난관을 없애주는 것입니다. 그분이 "나의 사랑 안에 거하라"고 말씀하실 때 그분의 사랑은 나에게 그분 자신과 더불어 거할 처소를 예비해 줍니다. 내가 그리스도 안에 있다고 동의하기만 하면 그분의 능력은 나를 책임져 주시고 지켜주실 것입니다. 그러므로 이제 나는 다음과 같이 고백해야 할 것입니다.

> "주여, 이 놀라운 은혜로 인해 찬양을 드립니다. 나 자신을 자비하신 손길에 맡기나이다. 내가 당신 안에 거하나이다."

이러한 믿음이 그리스도 안에 거한다는 사실에 적용되는 모든 것을 이루리라는 것은 얼마나 놀라운 사실입니까?

그리스도인의 생활에는 자기부인, 순종, 충성, 노력, 경성, 기도 등이 필요합니다.

믿는 자에게는 능치 못한 일이 없느니라 막 9:23

세상을 이긴 이김은 이것이니 우리의 믿음이니라 요일 5:4

믿음은 피조물의 연약성에 개의치 않으며 전능하신 주님의 풍성함만을 바라보고 누리게 하며 심령을 강건하고 기쁘게 합니다. 그것은 자신을 포기하고 성령님의 인도를 따라 하나님께서 우리에게 보내주신 그 놀라운 구세주, 무한하신 임마누엘을 더욱 감사하도록 합니다. 그것은 복된 말씀의 각 장에서 성령께서 인도하시는 대로 따르는 것이며 예수님이 어떤 분이신가를 계시해주고 그분이 양분을 주시고 풍성한 생활을 약속하시는 분인 것을 각자가 깨닫게 합니다.

너희는 처음부터 들은 것을 너희 안에 거하게 하라 처음부터 들은 것이 너희 안에 거하면 너희가 아들의 안과 아버지의 안에 거하리라 요일 2:24

그것은 하나님의 능력으로 심령을 강건하게 해주며 그리스도 안에 거하는 데 필요한 모든 일을 하도록 도와주는 것입니다.

믿는 자여! 그리스도 안에 거하시겠습니까?

믿기만 하십시오. 항상 의지하십시오. 지금 곧 믿으십시오. 이제 주님 앞에 고개를 숙여 어린아이와 같은 믿음을 가집시다. 그리고 그분은 포도나무요, 여러분은 그 가지니 오늘 여러분이 그분 안에 거하리라고 고백하십시오.

특주

"나는 참 포도나무요"라고 말씀하시면서 우리에게 그분 자신과 실제로 연합하는 특권을 주신 분은 그 말씀의 능력으로 만물을 보존하시는 전능하신 하나님 곧 위대한 자존자이십니다. 이 전능하신 하나님이 자신을 우리의 완전한 구속주로서 나타내 보이셨으며 심지어 우리가 상상할 수 없는 데까지 그분 자신의 신적 본질 속으로 우리의 타락한 본성을 접붙여 새롭게 하십니다. 사모하는 마음을 가지고 우리가 기쁘게 청종할 때 하나님의 영광스러운 신성이 나타나고 우리가 초대함을 받은 온전한 특권을 향해 나가게 됩니다.

그러나 앉아서 원하기만 하면 아무 소용이 없습니다. 그 연합이 실제로는 우리에게 가능하지 않다고 생각한다면 주님과의 개인적이고 밀접한 연합을 통해 복된 결과를 얻을 수도 없는 것입니다. 그분의 말씀은 영원히 우리가 그대로 살기 위해 주신 실체입니다. 그 말씀이 이루어질 것으로 믿고 그 가능성을 기대하지 않는다면 그대로 이루어질 수 없을 것입니다.

어떻게 이러한 생활을 할 수 있습니까?

연약하고 가련하고 죄와 실패로 가득 찬 이기적인 피조물들이 본성의 부패 때문에 구원받고 주님의 거룩함에 동참하는 자가 되는 것이 가능한 일이겠습니까?

그러나 이 놀라운 변화를 제의하신 분은 그분 자신의 말씀에 따라 뜻을 이루실 수 있는 영원하신 하나님 자신이십니다. 이 놀랍고 변함없는 사실을 기억해야 할 것입니다. 이 말씀은 주님의 가르치심의 정수를 포함하고 있습니다.

그러므로 그리스도의 이 말씀 앞에서 모든 의심의 마음을 버립시다. 거기에는 주님의 사랑이 응축되어 나타나 있습니다. 우리들처럼 허물 많은 제자들이 주님과의 친밀하고 직접적인 연합을 통하여 부르심을 받은 그 거룩함을 이룰 수가 있을까 하는 의심을 벗어버립시다. 거기에서 조금이라도 불가능하거나 주어진 축복을 누리지 못하는 일이 있다면 그것은 우리 편에서 진지한 소원이 부족했기 때문인 것입니다. 우리를 초대하고 부르신 주님은 모자람이 전혀 없으십니다. 하나님은 그분의 약속을 이행하시는 데 전혀 부족함이 없으십니다"

- 제임스[A. M. James]의 요한복음 15:1~2에 대한 신앙 명상문, 『교제의 생활』 중에서

아직 어리고 의심 많은 그리스도인들을 위해 알려주어야 할 것이 있습니다. 그것은 각자의 약속들에 있어서 단순히 믿음을 실천하는 것 이상의 무엇이 있다는 사실입니다. 그리고 더욱 더 중요한 것은 하나님께 신뢰하는 마음의 자세를 가져야 합니다. 즉 매사에 있어서 밝고 자신에 넘치는 소망을 품고 하나님을 생각하는 습관을 가져야 합니다. 이러한 바탕에서만이 개인을 향한 약속은 뿌리를 내리고 자라는 것입니다.

전도지 발행회에서 발간된 제임스 킴벨(James Kimball)의 『믿음으로의 격려』(Encouragements to Faith)라는 소책자에서 우리는 많은 건설적이고 암시적이며 도움이 되는 의견들을 발견합니다. 그것들은

한결같이 하나님은 마땅히 신뢰받으실 만한 분이심을 주장하는 것들입니다.

또 『행복한 그리스도인 생활의 비결』(*The Christian's Secret of a Happy Life*)이라는 소책자를 보면 많은 도움을 받을 수가 있습니다. 그 책의 밝고 쾌활한 문체와 중요사항을 여러 번 친절하게 설명하는 가운데서 우리는 예수님을 그분의 말씀에 따라 의지하게 되고 주님은 우리의 생각보다 훨씬 더 많은 수의 실족하기 직전의 사람들의 가슴에 기쁨과 희망을 불어넣어 주시는 분이심을 알 수가 있습니다. 『주께서 사용하심을 따라』(*Kept for the Master's Use*)에서도 이같이 밝고 희망찬 글을 읽을 수가 있습니다.

제6장 하나님께로부터 나서

너희는 하나님께로부터 나서 그리스도 예수 안에 있고
예수는 하나님께로서 나와서 우리에게 지혜와 의로움과
거룩함과 구속함이 되셨으니 고전 1:30

내 아버지는 그 농부라 요 15:1

"하나님께로부터 나서 그리스도 예수 안에 있고."

고린도의 신자들은 아직도 그리스도 안의 어린아이일 뿐으로 연약했으며 세상적이었습니다. 그럼에도 불구하고 바울은 처음부터 그들이 그리스도 예수 안에 있다는 사실을 확실히 알기를 원했습니다. 건전한 그리스도인의 생활은 그리스도 안에서 우리의 위치를 확실히 자각하는 데 있는 것입니다. 그리스도 안에 거하면서 기억해야 할 아주 중요한 사실은 "내가 그리스도 예수 안에 있다"는 믿음의 확신을 매일 새롭게 하는 것입니다. 믿는 자들에게 열매를 맺게 하는 모든 설교는 바로 이 사실을 그 출발점으로 삼아야 합니다.

그러나 사도 바울은 "너희는 하나님께로부터 나서 그리스도 예수 안에 있고"라는 의미있는 말을 덧붙입니다. 사도 바울은 우리에게 그리스도와의 연합을 기억하게 할 뿐만 아니라 그것이 우리들의 행위가 아니고 하나님 자신의 역사라는 것을 말해주고 있습니다. 성령님도 우리에게 이 사실을 깨닫게 해주심으로 그것이 우리로 하여금 얼마나 큰 확신과 용기를 얻게 하는 원천이 되는가를 깨닫게 합니다. 그리스도 안에 거하는 것이 하나님께로만 말미암는 것이라면 하나님만이 필요한 모든 것을 보장하실 수 있습니다.

"하나님께로부터 나서 그리스도 안에"라는 놀라운 말씀이 의미하는 바를 깨닫도록 합시다. 그리스도와의 연합에의 동참자가 되는 데 있어서 하나님께서 하시는 역사가 있고 우리가 해야 할 일이 있습니다. 하나님께서는 우리들이 일하도록 감화시키셔서서 그분의 일을 이루십니다. 하나님의 일은 고요한 중에 감추어져 있으나 우리들이 하는 일은 분명하게 설명할 수 있는 의식적인 행위들입니다. 우리의 영을 살리고 강건케 하는 일은 위로부터 오는 것으로서 인간의 눈에 보이지 않는 비밀입니다. 그러므로 믿는 자가 "나는 그리스도 안에 있다"라고 말하게 될 때에 영을 살리고 강건케 하는 역사가 이루어지는 것입니다.

그의 눈에는 하나님의 놀랍고도 신비한 역사에 의한 것이라기보다는 자신의 행위를 통해 그리스도에게 연합한 것처럼 보일지도 모릅니다. 그것은 또한 그리스도인의 생활을 처음 시작하는 일에 있어서도 마찬가지라고 할 수 있습니다. 자기가 믿는 것을 안다는 것은 확실한 간증이 될 것입니다. 우리가 회심하고, 믿고, 그리스도를 영접하게 된 배후에 전능하신 하나님의 능력이 역사하고 있음을 깨닫는 것은 지극히 중요합니다. 그분은 우리에게 소원을 주시며 우리를 그분의 소유로 삼으시며 그리스도 예수 안에 우리를 심으시려는 사랑의 목표를 실천하십니다.

이와 같이 신자가 구원사역의 신적인 측면에 참여하게 될 때 그는 새로운 기쁨으로 예배하며 찬양하는 것을 배울 것입니다. 그리고 그가 참여한 구원의 거룩한 사역 안에서 어느 때보다도 즐거워할 것입니다. 주 안에서 각 단계로 걸음을 옮길 때마다 그는 다음과 같이 노래할 것입니다.

> "이것은 주가 행하신 기사로다. 그분의 전능하심이 그 사랑의 계획을 이루셨도다. 나는 하나님께로부터 나서 그리스도 예수 안에 있도다."

이러한 고백은 더욱 높은 경지, 영원의 깊은 데까지 그를 인도할 것입니다.

선지자처럼 여러분은 "여호와가 옛적에 내게 나타나 이르기를 내가 무궁한 사랑으로 너를 사랑하는고로 인자함으로 너를 인도하였다 하였노라"(렘 31:3)고 말할 수 있습니다. 그리고 그분 스스로 목적하신 기쁘신 뜻을 따르는 신비의 일부분으로서 여러분의 구원을 파악하게 됩니다.

> 그 뜻의 비밀을 우리에게 알리셨으니 곧 그 기쁘심을 따라 그리스도 안에서 때가 찬 경륜을 위하여 예정하신 것이니 … 모든 일을 그 마음의 원대로 역사하시는 자의 뜻을 따라 우리가 예정을 입어 그 안에서 기업이 되었으니 엡 1:9,11

이 말씀과 같이 신자들은 온몸으로 그리스도 안에 참여하는 것입니다.

"하나님께로부터 나서 그리스도 안에"라는 신비를 아는 지식으로 말미암아 그 말씀 앞에 머리 숙이며 거저 주시는 그분의 은혜를 높이게 되는 것입니다.

그 말씀이 또한 그리스도 안에 거하기를 구하는 신자들에게 얼마나 놀라운 영향력을 행사하는지는 쉽게 알 수 있습니다. 신자가 그의 권리를 그리스도께 맡기며 그리스도의 충만함과 성부의 목적과 사역에 의탁할 때에 얼마나 확고한 기반을 주시는지 모릅니다. 우리는 그리스도를 포도나무로 생각하고 믿는 자를 가지로 생각합니다. 한편 "나의 아버지는 그 농부시니"라는 귀한 말씀도 잊지 않도록 하십시오. 주님은 말씀하십니다.

"하늘의 아버지께서 심지 않으신 나무마다 뿌리가 뽑혀지리라."

그러나 주님께서 참 포도나무에 접붙이신 모든 가지는 그분의 손으로 결코 꺾어버리지 않으실 것입니다. 그리스도는 자신을 성부에게 온전히 의존함으로 성부 안에서 모든 능력과 생명을 소유합니다. 이것은 마치 신자가 성부에게 그 위치와 그리스도 안에서의 그의 안전을 의탁하고 있는 것과 같습니다. 성부께서는 사랑하는 아들 성자를 지키시는 그 사랑과 성실함으로 그 몸의 각 지체와 예수 그리스도 안에 있는 모든 자들을 지키십니다.

이 믿음은 우리에게 얼마나 확고한 신뢰를 주는지 모릅니다. 즉 하나님께서 우리를 끝까지 안전하게 지켜주실 뿐 아니라 내가 그리스도에게 연합된 그 목적이 하나하나 이루어질 수 있다는 확신을 주는 것입니다. 가지는 포도나무와 마찬가지로 농부가 지키고 보호하는 책임 아래 있습니다. 농부의 영광은 포도나무와 가지의 성장과 안녕에 있는 것입니다. 그리스도를 포도나무로 선택하신 하나님은 그분이 포도나무로서 수행해야 할 모든 일에 적합하도록 하셨습니다. 그러므로 나를 택하사 그리스도 안에 심으신 하나님은 내가 자신을 그분에게 맡기기만 하면 모든 면에 있어서 그리스도 예수께 합당한 자가 되도록 보장하십니다.

아! 내가 어찌 이 사실을 충분히 몰랐던가요?

이것은 내가 예수 그리스도의 아버지께 기도하는 데 얼마나 큰 힘과 확신을 주었던가요?

그것은 나에게 소속감을 일깨워주며 쉼없는 기도가 내 생활에 꼭 필요한 것임을 깨닫게 해주시고 매순간마다 그리스도와 함께 나를 연합하게 하신 하나님을 바라보게 합니다. 또 하나님께서 그분의 거룩한 역사를 내 안에서 그분의 기쁘신 뜻에 따라서 온전히 이루시는 것을 바라보도록 하는 것입니다.

이것은 또한 고상한 생활을 위한 큰 동기가 되고 풍성한 열매를 맺는 가지의 생활을 유지하게 하는 것입니다. 그 동기들은 그 자체가 놀라운 힘이 되며, 고상하고 분명한 동기를 갖는 것은 말할 수 없이 중요합니다.

> "너희는 그리스도 예수 안에서 선한 일을 위하여 창조된 하나님의 미리 만드신 바라."

이 말씀 속에서 우리는 최고의 동기를 보게 됩니다. 하나님께서는 우리가 많은 열매를 맺도록 그리스도에게 우리를 접붙여 주셨습니다. 하나님께서 창조하신 것마다 그 목적에 합당하도록 만들어진 것입니다.

그분은 빛을 비추기 위해 태양을 창조하셨는데 태양은 얼마나 완벽하게 임무를 다하고 있습니까?

또한 보게 하기 위해 눈을 만드셨는데 얼마나 완벽하게 그 구실을 다하고 있습니까?

그분은 선한 일을 위하여 새 사람을 창조하셨습니다. 그 새 사람은 그 목적에 얼마나 훌륭하게 어울리고 있습니까?

나는 열매를 맺는 데 합당하도록 새롭게 하나님께로부터 나서 창조되고 포도나무의 가지가 된, 그리스도 안에 있는 자가 되었습니다. 신자들은 그들의 옛 본성을 바라보지 말고 마치 하나님께서 잘못하여 그들을 적합하지 않은 곳으로 부르신 것처럼 그들의 연약성 때문에 하나님께 불평해서는 안 됩니다. 하나님이 그들을 그리스도와 연합하게 하심으로 그들의 영적 성장과 열매 맺는 일을 하나님 자신이 친히 담당하시고 그것을 놀랍게 계시하신 것을 믿는 마음으로 기쁘게 받아들여야 합니다. 이 모든 게으름과 주저함이 사라지고, 이 놀라운 동기의 영향력으로 어떻게 그들의 모든 본성이 그들의 영광스러운 장래를 받아들이고 완성해 가는가를 보십시오. 그 놀라운 동기란 그리스도 안에 있는 자들에 대한 주님의 신실하심을 믿는 것입니다.

여러분 자신을 "하나님께로부터 나서 그리스도 예수 안에 있다"고 하시는 놀라운 능력 아래 맡겨버리십시오. 하나님께서 그리스도를 통해 우리를 위한 모든 것을 만드셨으며 우리를 그분 안에 있게 하시며, 우리를 틀림없이 그분에게 합당한 자의 위치로 인도하실 것이기 때문입니다. 하나님의 보좌로부터 오는 빛이 여러분에게 비췰 때까지 조용히 묵상하며 경배하십시오. 그러면 여러분이 그리스도와 연합하게 된 것이 참으로 전능하신 성부 하나님의 역사라는 것을 알게 될 것입니다. 매일의 경건생활에 있어서 그 모든 주장과 의무와 필요한 것들과 소원들 가운데 하나님께서 모든 것이 되시도록 하십시오. 예수님께서 "내 안에 거하라"고 말씀하실 때에 위를 가리키시면서 "내 아버지는 농부시다"라고 하신 말씀을 깨달으십시오.

또한 그분은 "아버지께로부터 나서 네가 내 안에 있고 아버지를 통하여 네가 내 안에 거하고, 아버지와 그분의 영광을 위해 열매를 맺어야 한다"고 말씀하십니다. 여러분은 "아멘, 주여, 그대로 되리이다"라고 대답해야 할 것입니다. 영원부터 그리스도와 나는 서로에게 속하여 불가분리의 관계로 맺어진 것입니다. 그것은 하나님의 뜻이며 나는 그리스도 안에 거할 것입니다. 나는 하나님께로부터 나서 그리스도 안에 거하는 것입니다.

제7장 우리에게 지혜가 되시고

너희는 하나님께로부터 나서 그리스도 예수 안에 있고
예수는 하나님께로서 나와서 우리에게 지혜와 의로움과
거룩함과 구속함이 되셨으니 고전 1:30

예수 그리스도는 우리를 지켜주시는 왕이시며 희생을 치르시는 대제사장이 되실 뿐 아니라, 우리에게 하나님이 그분이 사랑하는 자들을 위해 마련하신 구원을 계시하는 선지자이십니다. 창조 때에 빛이 가장 먼저 지음을 받았고 그 안에서 다른 모든 만물이 생명과 아름다움을 부여받았듯이, 위의 본문에서도 지혜가 가장 먼저 언급되고 그 뒤를 따라 세 가지의 귀한 은사가 따르고 있습니다. 그 생명은 사람들의 빛입니다. 그것은 우리 안에 계시되었으며 우리들을 그리스도의 영원한 생명에의 참여자로 만들어 주며 하나님 자신의 얼굴에서 그분의 영광을 뵙도록 합니다.

그런데 죄가 들어온 것은 선악을 알게 하는 지식의 나무를 통해서였으며 그리스도께서 지식을 통해서 그 구원을 주십니다. 그리스도는 하나님께로부터 나서 우리에게 지혜를 주셨으며 그리스도 안에는 모든 지혜와 지식의 보화가 숨겨져 있습니다. 그리스도 안에 여러분이 있으며 지혜도 그리스도 안에 있습니다. 주님 안에서 산다는 것은 곧 모든 빛의 근원 중에서 사는 것입니다.

그분 안에 거함으로써 영적 생활을 전폭적으로 인도하시는 하나님의 지혜이신 그리스도를 소유하는 것이며 여러분이 알아야 할 모든 것을 지식의 형태로 전달받을 수 있게 되는 것입니다. 그리스도는 우리에게 지혜를 주시기 위해 오셨으며 여러분은 지금 그분 안에 있는 것입니다. 우리는 이 관계를 더 잘 이해할 수 있어야 합니다. 이것은 바로 그리스도가 하나님께로부터 나서 우리에게 주어졌다는 것과 우리가 그리스도 안에 있으므로 어떻게 그분을 소유하게 되는지에 대한 관계입니다. 이와 같이 우리를 위하여 준비된 축복은 그리스도 안에 거하는 것과는 무관하게 기도의 응답으로만 주어지는 선물이 아닙니다. 각자의 기도에 대한 응답은 그리스도 안에 더욱 깊이 거하는 것과 더욱 밀접한 연합에서 오는 것입니다. 그리스도 안에 말로 할 수 없는 은사와 다른 모든 은사 즉 지식과 지혜의 은사가 쌓여 있는 것입니다.

하나님을 아는 것이 곧 영생인데 여러분은 그 하나님을 잘 알기 위하여 신령한 지혜와 깨달음을 얼마나 간구하였습니까?

예수님 안에 거하십시오. 그 안에 거하는 생활을 함으로써 하나님과 교제를 갖게 되고 그 교제를 통해서 하나님께 대한 유일하고 참된 지식을 소유할 수 있는 것입니다. 여러분이 예수님 안에 거함으로 인간의 이성으로는 헤아릴 길이 없는 하나님의 사랑, 능력, 무한한 영광이 나타나게 될 것입니다. 여러분의 이성으로는 그것을 파악할 수 없으며 또 말로는 표현할 수 없을지 모릅니다. 하나님을 아는 지식은 인간의 생각이나 말보다 더 깊은 지식 즉 하나님께서 알려주셔야만 얻을 수 있습니다.

> 우리는 십자가에 못박힌 그리스도를 전하니 … 오직 부르심을 입은 자들에게는 … 그리스도는 하나님의 능력이요 하나님의 지혜니라 고전 1:23-24

여러분은 주 예수 그리스도를 아는 지식의 고상함을 인하여 기꺼이 모든 것을 잃어버린 것으로 간주할 것입니다. 그리스도 안에 거함으로 그분 안에서 발견되도록 하십시오. 주님의 부활의 능력을 통해서 그리고 그분의 고난에 참여함으로 그분을 알게 될 것입니다. 주님을 따르면 어두움 가운데서 행하지 않을 것이요, 빛의 생활을 할 것입니다. 하나님이 마음 속에 빛을 비추시고 예수 그리스도가 그 안에 거하실 때라야 그리스도 안에서 하나님을 아는 지식의 빛이 보일 것입니다.

여러분은 또한 그분이 땅에서 행하신 복된 사역과 성령으로 말미암아 하늘로부터 하신 사역을 깨닫고 있습니까?

또한 그리스도가 우리의 의가 되시며 성화와 구속이 되시는지 알고 있습니까?

그것은 바로 그리스도께서 하나님으로부터 나와서 우리에게 지혜가 되신 것을 나타내시고 보이시며 전달해 주시는 것입니다.

그리고 수많은 질문이 해결되지 못하고 있거나 마음에 확신이 부족하다면 그것은 하나님께서 여러분의 지혜가 되어주시도록 하신 그리스도 안에 여러분이 있다는 사실을 잊었기 때문입니다. 무엇보다도 열심으로 한마음을 품어 그리스도 안에 거하는 일에 모든 관심을 기울이십시오. 마음과 생활이 그리스도 안에 올바르게 뿌리박고 있으면 그리스도의 지혜의 분량대로 지식이 생기는 것입니다.

이와 같이 그리스도 안에 거하지 않으면 지식도 유익이 되지 못하며 오히려 해가 되기도 합니다. 우리 심령은 진리의 능력은 받지 못했어도 진리의 형상과 모양에 불과한 생각만으로 만족할지도 모릅니다. 하나님의 방법은 비록 그것이 씨앗의 형태이지만 진리 그 자체를 먼저 주시며, 다음에 생명과 능력을, 그 후에 지식을 주시는 것입니다. 인간은 우선 지식을 추구합니다. 그러나 슬프게도 그 이상의 것은 얻지 못하는 것입니다.

하나님께서는 그리스도를 우리에게 주셨습니다. 그리고 그리스도 안에 지혜와 지식의 보화를 숨겨 놓으셨습니다. 그리스도를 소유함으로 만족하며 그분 안에 살며, 그리스도로 우리의 생명을 삼으며 오직 그리스도를 더욱 깊이 추구함으로 우리가 바라던 지식을 얻도록 합시다. 이러한 지식은 실로 생명이 되는 것입니다. 그러므로 예수로 자기의 지혜를 삼아 그 안에 거하는 자는 그리스도로부터 성부 하나님의 영광을 위해 사는 생활에 필요한 지혜를 그리스도께서 주실 것을 기대할 수 있습니다.

여러분의 신령한 생활과 관련된 모든 것은 지혜와 마찬가지로 예수님 안에서 찾아볼 수 있는 것입니다. 그리스도 안에서 영위하는 생활은 무한히 거룩한 것이며 고상한 그 실천의 비결을 깨닫기는 쉽지 않습니다. 하나님의 자녀로서 그 유업에 합당하게 살도록 하며 신비한 영적 감각을 통하여 여러분을 인도하실 수 있는 분은 오직 그리스도뿐이십니다.

또 무엇이 여러분의 내적 생활을 방해하고 무엇이 그 생활을 도와주는지 막연하게 생각하지 마십시오. 특히 주님 안에 거하는 생활에 도움을 주는 것을 여러분이 풀어야 할 신비나 어려운 문제로 생각하지 마십시오. 그것은 오직 주님만이 인도하실 수 있는 문제입니다. 주님 안에 온전히 거하면서 거기에서 오는 모든 축복을 받으십시오. 끊임없이 주님 안에 거하면서 거기에서 오는 모든 축복을 받으십시오. 끊임없이 주님 안에 거할 수 있다는 것에 대해 어떠한 의심이 떠오르더라도 항상 다음과 같은 사실을 기억하십시오. 곧 주님은 모든 것을 아시고 분명히 드러나지 않는 것이 없으며 나의 지혜가 되신다는 사실을 기억하십시오.

그분을 신뢰하기만 하면 필요한 지식을 알려주시며 깨닫게 해주시는 것입니다. 예수님 안에 숨겨진 지혜와 지식의 보화를 마치 열쇠가 없어도 얻을 수 있는 것으로 생각하지 마십시오. 여러분의 길이 등불을 밝힐 필요조차 없는 것으로 생각지 마십시오. 여러분의 지혜되신 예수께서 여러분이 길을 찾지 못할 때에도 바른길로 이끌어주실 것입니다.

복된 주님의 말씀과 교제할 때마다 진리 되신 예수님 안에 거하라고 하시는 똑같은 원리를 명심하십시오. 기록된 말씀을 깨닫기 위하여 연구하십시오. 살아계신 말씀이 되시는 예수를 알기 위하여 더욱 많이 연구하십시오. 여러분이 예수님 안에서 하나님으로부터 낳아졌기 때문입니다.

하나님의 지혜이신 예수님은 무조건적인 신뢰와 순종을 통해서만 알 수 있습니다. 그분이 하시는 말씀은 그분 안에 거하는 자들에게는 생명과 영적인 힘이 됩니다. 그러므로 여러분이 그 말씀을 듣고 읽고 묵상할 때마다 삼가 여러분의 올바른 위치를 지키십시오. 우선 하나님의 지혜되신 예수님과 하나된 것을 깨달으십시오. 여러분 자신이 그분의 직접적이고 특별한 가르침 아래 있다는 것을 기억하십시오. 그분 안에 거하면서 하나님의 빛의 샘이 되는 그 말씀을 향하여 나아가십시오. 그분의 빛 안에서 빛을 보게 될 것입니다. 매일의 생활 속의 모든 길과 사업에서 여러분의 지혜이신 예수님 안에 거하십시오.

여러분의 육체와 매일의 생활에서 그 큰 구원을 같이 누리는 것입니다. 하나님의 지혜이신 그리스도 안에서 여러분의 생활과 사업을 위한 지침도 마련되어 있는 것입니다. 여러분의 몸은 주의 성전이며 매일의 생활은 하나님을 영광스럽게 하기 위한 무대입니다. 여러분이 지상에서 모든 일에 있어서 올바르게 인도함을 받는 것은 주님의 깊은 관심사입니다. 오직 그분의 자비하심을 의지하며, 그분의 사랑을 믿으며, 그분의 인도하심을 기다리십시오. 그러면 그분이 주실 것입니다. 주님 안에 거하면 마음의 평안을 얻으며, 욕심과 정욕에서 자유함을 얻으며, 판단이 명료해지며 힘을 얻고, 하늘의 빛이 세상 일들을 비치게 됩니다. 솔로몬처럼 지혜를 구한 여러분의 기도는 여러분의 생각보다 그리고 여러분이 구한 것보다 더욱 풍성하게 응답을 받을 것입니다.

여러분이 어떤 일을 하면서 하나님을 섬기든지 지혜이신 예수님 안에 거하십시오.

> "우리는 그리스도 안에서 선한 일을 하도록 창조함을 받았습니다. 이는 하나님께서 그 안에서 우리가 행하도록 오래 전

에 정하신 것입니다."

하나님께서 원하시는 그 선한 일들이 무엇인지 알 수 없다는 두려움과 의심을 완전히 버리십시오. 그리스도 안에서 그 일들을 위하여 우리가 지음을 받았습니다. 주님께서 그 일들이 무엇인지를 보여주실 것이며 어떻게 해야 할지를 알려주실 것입니다. 비록 여러분이 아직 길을 보지 못하고 있을 때에라도 하나님의 지혜가 인도하시리라는 확신 속에서 기뻐하는 습관을 들이십시오. 여러분이 알고자 하는 모든 것을 주님은 분명하고 완벽하게 알고 계십니다. 중보자 되신 주님은 여러분에게 관심을 가지고 여러분 편에 서서 하나님의 섭리와 경륜의 비밀에 접근하십니다. 전폭적으로 그분을 의지하고 주님 안에 거하기만 하면, 여러분은 자신을 틀림없이 그분의 인도하심에 믿고 맡길 수가 있습니다.

그러므로 여러분! 지혜이신 예수님 안에 거하십시오. 의지하고 기다리는 정신을 갖고 항상 배우며, 하늘의 빛이 인도하는 곳으로만 가십시오. 불필요한 모든 방황을 피하고 세상의 목소리에 귀를 기울이지 말며 겸손하게 배우며 항상 주님께서 가르쳐 주시는 하늘의 지혜에 귀를 기울이십시오. 여러분 자신의 모든 지혜를 포기하십시오. 하나님의 일을 이해하는 데 인간적 이성의 무능함을 깊이 인식하십시오.

해야 할 일과 배워야 할 일을 예수께서 인도하시고 가르쳐 주시기를 기다리십시오. 주님밖에 다른 데서는 가르침과 인도하심이 없다는 것을 기억하십시오. 우리 안에서 주님이 살아계심을 통하여 거룩한 지혜가 그 역할을 다하게 되는 것입니다. 때로 번잡한 곳을 피하여 모든 것이 고요해 있을 때 주님과 더불어 마음속 깊은 데서 성령님이 부드럽게 속삭이시는 음성을 자주 들으십시오. 겉으로는 버림받은 것 같고 어둠 가운데 헤맬 때라도 흔들리지 않는 확신을 굳게 붙잡으십시오. 주님은 빛이 되셔서 친히 그분의 백성을 인도하신다는 확신을 가지십시오.

무엇보다도 살아계신 그리스도 예수께서 친히 여러분의 지혜가 되신다는 복된 확신 속에서 매일을 살며, 주님 안에 거하는 것만이 여러분의 시종일관한 관심사임을 명심하십시오. 그분 안에 거하면 주님 안에 뿌리박고 있는 생명이 즉시 넘쳐 흘러 나오듯이 주님의 지혜가 여러분에게 임할 것입니다. 하나님께로부터 우리에게 지혜로 주어진 그리스도 안에 거하면 나도 그 지혜를 얻을 것입니다.

제8장 우리에게 의가 되시고

너희는 하나님께로부터 나서 그리스도 예수 안에 있고
예수는 하나님께로서 나와서 우리에게 지혜와 의로움과
거룩함과 구속함이 되셨으니 고전 1:30

우리의 지혜이신 그리스도께서 우리에게 그 자신 안에서 예비하신 축복으로 주신 것 중에 첫째는 의를 들 수 있습니다. 왜 이것이 가장 첫째가 되는가 하는 이유는 간단합니다.

나라나 가정이나 사람의 마음에 평화가 없이는 진정한 번영이나 발전이 있을 수 없습니다. 어떠한 기계라도 그것이 튼튼한 기초 위에 안전하게 놓여있지 않으면 제대로 작동할 수 없듯이 확신과 안정은 우리의 정신적, 영적 건강에 필수적인 것입니다. 죄로 말미암아 우리의 모든 관계는 혼란하게 되었습니다. 우리는 우리 자신과 다른 사람 또 하나님과의 조화있는 관계를 가질 수 없게 되었습니다.

구원의 여러 가지 요소 가운데 우리에게 실제로 축복을 가져다주는 첫째 되는 요소는 평화입니다. 이 평화는 오직 의와 더불어 찾아오는 것입니다. 만사가 하나님이 의도하신 대로, 하나님의 질서대로, 하나님의 뜻에 따라 조화를 이루는 곳에 평화가 깃드는 것입니다. 예수 그리스도는 이땅에 평화를 회복시키기 위하여 오셨습니다. 곧 의를 회복시키심으로 우리의 심령 속에 평안을 주시려는 것입니다. 왜냐하면, 그분은 의의 왕 멜기세덱으로 살렘 왕 곧 평화의 왕으로 통치하시기 때문입니다(히 7:2). 그래서 주님은 선지자들이 외치고 예언했던 약속을 이루십니다.

> 보라 장차 한 왕이 의로 통치할 것이요 방백들이 공평으로 정사할 것이며, 의의 공효는 화평이요 의의 결과는 영원한 평안과 안전이라 사 32:1, 17

그리스도는 하나님께로부터 나서 우리에게 의가 되셨으며, 우리는 하나님께로부터 나서 의되신 그리스도 안에 있는 것입니다. 그리스도 안에서 우리가 하나님께로부터 나서 의롭게 되어졌습니다. 이 말들이 의미하는 바를 깨닫도록 합시다.

죄인이 처음 그리스도를 믿도록 인도함을 받아 구원받았을 때는 일반적으로 그리스도의 인격보다는 그분의 사역에 더욱 주의를 기울입니다. 그가 십자가를 바라보고 의인이신 그리스도가 거기에서 죄인을 위하여 고난당하신 것을 바라볼 때 대속의 죽음만이 하나님의 자비하신 용서를 믿는 그의 믿음의 기초가 되는 것을 알게 됩니다.

죄인들을 대속하시기 위해 저주를 받으시면서 십자가에서 속죄의 죽음을 이루신 그리스도의 십자가 사건만이 그에게 평안을 주는 것입니다. 그가 어떻게 하여 그리스도가 주신 의가 자신의 것이 되는지를 이해하고 그 능력으로 하나님 앞에서 칭의를 받게 되는지 이해하게 될 때 그는 자신이 하나님의 은혜를 받을 수 있는 자리로 회복되는 데 필요한 것들을 확보하게 되었음을 깨닫게 됩니다.

> 그러므로 우리가 믿음으로 의롭다 하심을 얻었은즉 우리 주 예수 그리스도로 말미암아 하나님으로 더불어 화평을 누리자 롬 5:1

그는 베풀어진 영광스런 의의 선물 안에서 새롭게 된 믿음을 통하여 이 의의 옷을 입으려 합니다.

그러나 시간이 흐름에 따라 그리스도 안에서의 생활을 통하여 성장하려 할 때 그는 새로운 것이 필요함을 알게 됩니다. 그는 하나님께서 이같이 다른 사람의 의를 힘입어 경건치 않은 자를 의롭게 하실 수 있는지에 대해 더 충분히 이해하기를 원합니다. 그리고 둘째 아담으로서의 그리스도와 믿는 자의 참된 연합에 대한 성경의 놀라운 가르침 속에서 그 해답을 찾습니다. 그는 그리스도께서 자신을 그분의 백성과 하나되게 만드셨고 그 백성은 그리스도와 하나라는 사실을 알게 됩니다. 또 그것은 자연계와 하늘왕국의 모든 법칙에 온전히 순응함으로 생명체의 머리되신 자가 고난을 받음으로 몸의 각 지체가 충분히 그 혜택을 받을 수 있게 하는 것입니다.

그래서 하나님께서 그리스도의 의를 우리 죄인들에게 덧입혀 주시는 것은 오직 머리로서의 그리스도와 개인적인 연합을 온전히 이룸으로써 가능하게 되는 것을 깨닫게 됩니다. 그리스도의 사역 그 자체도 중요하지만 그리스도의 인격은 더 중요합니다. 하나님이시면서 인간이 되신 분의 생활과 사랑의 사역은 그의 인격에 기초해 있는 것입니다.

이러한 체험은 성경을 새롭게 그리고 더 깊이 깨닫는 빛이 되는 것입니다. 그리하여 그전에는 잘 알지 못했던 것을 알게 되고, 하나님의 의가 얼마나 분명한 것인지 알게 되며, 그 의가 어떻게 우리의 것이 되며 구속자의 인격과 어떻게 관련을 갖는지를 깨닫게 됩니다.

"이것은 그의 이름인데 그는 우리의 의가 되신 여호와라 불릴 것이다."

"여호와 안에서 내가 힘과 의를 얻었사오니."

"그는 하나님께로부터 나서 우리의 의가 되셨다."

"그리스도 안에서 우리가 하나님 앞에 의롭게 되려 함이니라."

"내가 하나님의 의를 가진 자로 그 안에서 발견되려 함이니."

그는 그리스도 안의 생활과 그 의가 얼마나 서로 불가분리의 관계인지를 알게 됩니다.

"한 사람의 의가 모든 사람을 의의 생명에 이르게 하나니."

"의의 선물을 받은 자들이 그리스도 예수 한 사람으로 인하여 생명으로 다스리리라."

그는 로마서의 "의인은 오직 믿음으로 말미암아 살리라"는 핵심요절의 깊은 의미를 깨닫게 됩니다. 그는 이제 의복으로써 덧입혀진 의를 생각하는 것만으로는 만족하지 않고 예수 그리스도로 옷입고 그리스도의 생활로 옷입기를 바라는 것입니다. 그는 이제 하나님의 의가 어떻게 온전히 자기의 것이 되었는지를 체험하게 됩니다. 우리의 의되신 주님의 의가 그의 소유가 되었기 때문입니다. 그가 이 사실을 깨닫기 전에는 항상 의의 흰옷을 입고 생활한다는 것이 때로는 어려운 일로 보였던 것입니다. 죄를 고백하고 새로운 은혜를 받기 위해 하나님의 목전에 나올 때만 의의 흰옷을 입는 것으로 생각했던 것입니다. 그러나 이제는 살아계신 그리스도 자신이 친히 그의 의가 되셔서 그를 지키시고 살피시며 자신의 것으로 삼아 사랑해 주십니다. 이제 그는 모든 백성에게 미치는 주님의 사랑 속에서 항상 의로 옷입고 행할 수 있게 되었습니다.

이러한 체험은 더욱더 깊은 경지로 인도합니다. 우리의 생활과 의는 불가분리로 연결되어 있으며 신자는 본래 하나님이 그 안에 심어주셨던 의의 본성을 그 어느 때보다도 분명하게 의식하게 됩니다. 그리스도 예수 안에서 새로 지음을 받은 자는 "의와 참 거룩함으로 지음을 받습니다."

"의를 행하는 자는 주님이 의로우신 것같이 의로우니라."

예수 그리스도와 결합함으로 말미암아 하나님과의 관계에서만 변화가 되는 것이 아니라 하나님 앞에서의 각 개인의 상태에도 변화가 있게 됩니다. 그 결합으로 인하여 친밀한 교제로 향하는 길이 계속 열리게 되고 신자의 전인격이 날로 새로워짐으로 그분의 의가 그의 성품 자체가 되게 합니다.

"그분은 우리의 의가 되셨다"라는 진리의 깊은 뜻을 깨닫기 시작한 그리스도인에게는 "주님 안에 거하라"고 말할 필요조차 없다고 해도 좋을 것입니다. 신자가 의를 하나의 대치물로만 생각하며 주님 때문에 우리가 법적으로 의롭다 여기심을 받는다고만 생각한다면 주님 안에 거할 절대적인 필요를 느끼지 못할 것입니다. 그러나 "우리의 의가 되신 여호와"의 영광이 나타남으로 항상 개인적으로 그분 안에 거하는 것이 온전히 열납되는 것임을 깨닫게 됩니다.

또한 그것이 주님 앞에 설 수 있는 유일한 길인 것을 깨닫게 됩니다. 우리의 머리되신 예수로부터 새롭고 의로운 우리의 성품이 힘을 얻을 수 있는 길을 깨닫게 됩니다. 참회하는 죄인은 죄 때문에 죽으신 예수를 통하여 얻는 의에 대하여 항상 생각하게 됩니다. 생각이 깊고 장성한 신자는 예수님을 통해 의를 얻을 수 있고 예수님이 모든 것이 되신다고 생각합니다. 왜냐하면, 그 주님을 소유하는 것이 곧 의를 소유하는 것이기 때문입니다.

믿는 자여! 여러분의 의가 되시는 그리스도 안에 거하십시오. 그러면 온통 부패해 버렸고 악해진 본성을 제거하여 주님을 영접하게 되고 아버지와의 계속적인 교제로 인도함을 받게 될 것입니다. 여러분의 의가 되신 그리스도 안에 거하는 습관이 없이는 그 어떤 것도 하나님의 빛에 거하며 그 안에 살게 할 수는 없습니다. 이것을 위하여 여러분은 부르심을 받았습니다. 그 부르심에 합당하게 행하십시오. 성령께 자신을 맡겨서 하나님의 의로 옷입으며 그리스도께 가깝게 이끄시는 은혜를 받으십시오.

여러분에게 참으로 왕의 옷이 입혀졌다는 것과 그 옷을 입고 그 목전에 나가는 데 두려워할 필요가 없습니다. 이것은 곧 왕께서 여러분을 높이시기를 기뻐하신다는 증표입니다. 그 옷은 왕궁에서만 입을 수 있을 뿐 아니라 주께서 그분의 사자와 대리자로서 여러분을 세상에 보내실 때에도 그 옷이 필요하다는 것을 명심하십시오. 매일의 생활 속에서 하나님 보시기에 올바른 존재로서 자신을 인식하고 그리스도 안에서 기쁨과 즐거움의 대상이 되는 존재로 자신을 깊이 자각하십시오. 여러분의 그리스도에 대한 개념들과 "그분은 하나님께로부터 나서 우리의 의가 되셨다"는 기본적인 은혜를 다른 은혜들과 관련시켜 생각해 보십시오. 그렇게 함으로 온전한 평안을 계속 누릴 것이며 하나님이 주신 안식 안에서 살게 될 것입니다.

또한 여러분의 속사람이 변화되어 의롭게 되며 의를 행할 수 있게 될 것입니다. 여러분의 마음속과 생활하는 곳마다 그 의가 나타나게 될 것입니다. 의로우신 예수 그리스도 안에 거함으로써 그분의 축복과 인격과 지위를 함께 누리는 것입니다.

"당신은 의를 사랑하시며 죄악을 미워하시나이다."
"그러므로 너의 하나님은 너의 머리에 기쁨의 기름을 부으셨도다."

측량할 수 없는 기쁨과 희락이 여러분의 것이 될 것입니다.

제9장 우리에게 거룩함이 되시고

너희는 하나님께로부터 나서 그리스도 예수 안에 있고
예수는 하나님께로서 나와서 우리에게 지혜와 의로움과
거룩함과 구속함이 되셨으니 고전 1:30

> "그리스도 예수의 사도로 부르심을 입은 바울은…고린도에 있는 하나님의 교회 곧 그리스도 예수 안에서 거룩하여지고 성도라 부르심을 입은 자들과…."

이와 같이 고린도전서 1장은 그리스도께서 우리의 거룩이 되신다는 가르침으로 시작하고 있습니다. 구약에서는 믿는 자들을 의인이라고 부르며 신약에서는 성도 즉 그리스도 예수 안에서 성화된 거룩한 자들로 부르고 있습니다. 하나님의 거룩하심은 그분의 내적 존재와 관련이 있습니다. 즉 하나님은 그분의 창조물들을 다루시는 데 있어서 의로우십니다. 인간에게 있어서 의로움이란 거룩함에 이르는 단계에 불과한 것입니다. 인간이 하나님의 온전하심에 가장 가깝게 이를 수 있는 것은 바로 이 의를 통해서입니다(마 5:48; 벧전 1:16 참조). 우리는 구약에 나타난 의를 찾아볼 수 있지만 거룩함은 단지 예표로만 나타나 있습니다. 거룩하신 자 예수 그리스도와 그분의 거룩한 백성들에게서 거룩함이 처음으로 실현된 것입니다.

위의 성경 본문 말씀에서 보면 개인적인 성도의 체험 속에서는 거룩함보다 의로움이 먼저 옵니다. 그런데 믿는 자들이 그들의 의가 되시는 그리스도를 발견하면 새로운 사실을 발견한 기쁨에 도취되어 거룩함에 대해 연구해 볼 틈을 얻기도 힘듭니다. 그러나 장성함에 따라 거룩에 대한 갈망이 생겨서 하나님께서 그 필요를 충족시키기 위해 무엇을 준비하셨는지를 알고자 하게 됩니다. 겉으로만 보면 칭의는 그리스도 안에서 믿음으로 말미암는 하나님의 사역이고, 성화는 성령님의 도우심을 받아 우리가 체험한 구원에 대한 감사한 마음에서 우러나와서 행하는 우리의 사역인 것처럼 보입니다.

그러나 진실한 그리스도인이라면 곧 그 감사한 마음이 주는 능력이란 얼마나 보잘것없는 것인지를 알게 될 것입니다. 물론 능력을 얻기 위한 기도는 꼭 필요한 것이기는 하지만 그것만으로는 충분하지 않다는 것을 알아야 할 것입니다. 믿는 자들은 수년 동안 가망없는 싸움을 계속하다가 드디어는 성령님의 가르침을 듣고 다시 그리스도를 나타내고 영화롭게 하며 성화는 오직 믿음으로만 말미암는다는 것을 알게 되는 때가 많습니다.

그리스도는 하나님께로부터 나와서 우리의 성화가 되십니다. 거룩은 바로 하나님의 본질이며 그분 한 분만이 거룩을 소유하시고 그분 자신을 거룩으로 채우십니다. "죄인이 어떻게 하여 거룩해질 수 있습니까?"라는 질문에 대한 하나님의 대답은 "하나님의 거룩한 자 그리스도를 통해서"입니다. 아버지께서 거룩하게 하사 세상에 보내신 그리스도 안에서 하나님의 거룩하심이 성육신으로 나타났으며 인간도 거룩을 바라볼 수 있게 되었습니다.

"내가 그들을 위하여 스스로를 거룩하게 함은 그들 또한 진리 안에서 거룩하게 하려 함이라."

우리가 거룩하게 되는 길은 그리스도의 거룩함에 참여하는 것밖에 다른 방법이 없습니다. 그리스도의 거룩에 참여하는 길도 개인적으로 그분과의 영적인 연합을 통하여 성령님이 우리에게 거룩한 생활이 흘러넘치게 해주시는 방법 외에는 없습니다.

"하나님께로부터 나서 너희는 그리스도 안에 있으며 그리스도는 우리의 거룩이 되셨으니."

믿음으로 우리의 거룩이 되시는 그리스도 안에 거하는 것은 거룩한 생활을 하기 위한 가장 단순한 비결입니다. 성화의 정도는 그리스도 안에 거하는 정도에 비례합니다. 우리의 심령이 그리스도 안에 온전히 거하는 것을 배워감에 따라 그 약속은 점점 더 확실히 이루어지는 것입니다.

"평강의 하나님께서 여러분을 온전히 거룩하게 하시리라."

그리스도 안에 거하는 일과 성화를 체험하는 일과의 관계를 설명하기 위해서 예수께 대한 연합을 교훈적으로 상징하는 접붙이는 비유를 생각해 봅시다. 이 설명은 "좋은 나무를 심으라 그러면 좋은 열매를 맺으리라"는 주님의 말씀으로 시작되고 있습니다. 자연상태로 남아있는 다른 많은 가지는 그만두고라도 나무에 접붙임으로써 단 한 가지라도 좋은 열매를 맺게 할 수는 있습니다.

그러나 다른 가지는 예전대로 의의 열매를 맺게 됩니다. 이것은 생활의 적은 부분은 성화되어 있는데 태만 또는 기타의 원인으로 그 외의 많은 생활의 영역에서 아직도 육적인 생활이 지배하고 있는 사람을 가리킵니다. 또 모든 가지를 다 잘라버리고 나무 전체가 새롭게 되어 좋은 열매를 맺도록 접붙일 수 있습니다. 그렇지만 자신이 줄기를 항상 지켜보아서 싹이 나는 것을 돌보지 않으면 그 줄기들이 다시 자라나서 접붙인 가지를 눌러 약해지게 만드는 경향이 있습니다.

이것은 겉으로는 굉장한 회심을 하고 그리스도를 따르기 위해 모든 것을 버렸지만 얼마간의 시간이 지난 후에 잠시 한눈을 파는 동안 못된 옛 습관이 다시 살아나서 미약하고 보잘것없는 생활의 열매를 맺는 그리스도인을 가리키는 것입니다. 그러나 전체적으로 좋은 나무가 되게 하려면 어릴 때 가지를 잘라서 흙에서 올라오는 바로 거기에다 접붙여야 하는 것입니다. 옛 성품이 다시 자라날 가능성이 있는 싹마다 늘 감시하고 옛 뿌리로부터 양분을 빨아올려 줄기가 완전해짐으로 옛 생활이 완전히 정복되고 변화되도록 보살펴야 합니다.

전폭적인 믿음으로 온전히 그리스도 안에 거하며 그리스도를 위하여 모든 것을 바쳐 전적인 헌신으로 새롭게 된 나무가 여기에 있다고 합시다.

이 경우에 그전의 나무가 이성적인 존재가 되어 정원사와 대화를 할 수가 있다면 그는 나무에게 무어라고 하겠습니까?

아마도 다음과 같이 말할 것입니다.

"이제 내가 새로 부여해준 새로운 성품에 너 자신을 전적으로 굴복시켜라. 옛 성품에서 싹이 나오거나 움이 돋으려고 하는 모든 작용을 눌러버려라. 내가 새로운 가지를 만들어 주겠다. 너의 모든 양분과 생명력을 그 가지로 보내서 달콤한 열매를 많이 맺도록 하라."

그러면 나무는 정원사에게 말할 것입니다.

"당신이 나를 접붙일 때 옛 가지는 아무리 작은 것이라도 남기지 말고 모조리 베어 버리십시오. 내 자신 안에서 살지 않고 내게 새로 접붙여진 다른 생명으로 살아서 나의 전체가 선하고 새롭게 되게 하십시오."

그리고 열매를 풍성히 맺고 있는 새롭게 된 나무가 스스로 말하는 것을 들을 수 있다면 아마 다음과 같을 것입니다.

"내 속 즉 내 뿌리에는 선한 것이 하나도 없습니다. 나는 늘 죄만 지으려 합니다. 내가 흙에서 빨아올리는 수액은 본질상 부패하여 저절로 놔두면 나쁜 열매를 맺으려고 할 뿐입니다. 그러나 그 수액이 햇빛을 받아 열매를 익히려고 막 올라올 때 그 지혜로운 정원사가 새로운 생명으로 옷입혔습니다. 그 새 생명으로 인하여 나의 수액은 정화되었으며 새롭게 되어 좋은 열매를 맺게 되었습니다. 나는 이제 새롭게 받은 것 안에 있기만 하면 됩니다. 그 정원사는 옛 본성이 맺으려고 하는 모든 나쁜 싹들을 즉시 눌러버리고 없애버리십시오."

그리스도인들이여! 하나님께서 여러분을 거룩하게 하시겠다는 약속을 두려워하지 말고 떳떳하게 주장하십시오. 부패한 옛 본성이 거룩해지는 것은 불가능하다는 말에 귀를 기울이지 마십시오. 여러분의 육신 안에는 선한 것이 없고 그 육신은 그리스도와 함께 십자가에 못박혔지만 아직 죽은 것은 아니며, 오히려 끊임없이 다시 일어나서 악한 데로 이끌어 가려고 하는 것입니다.

그러나 아버지는 농부이십니다. 그분은 그리스도의 생명을 여러분의 생명에 접붙이셨습니다. 그 거룩한 생명은 여러분의 악한 생명보다 힘이 셉니다. 농부의 자상한 보살핌 가운데서 새로운 생명은 여러분 안에서 역사하는 악한 생명을 눌러버릴 수 있는 것입니다. 그러나 언제든지 다시 일어나 자기를 나타내려고 하는 변함 없는 본성을 가진 악한 성품이 여러분 안에서 항상 역사하는 것을 알아야 합니다. 한편 새로운 성품이 되시고 여러분의 거룩이 되시는 살아계신 그리스도가 그 안에 거하시는 것입니다. 그분을 통하여 모든 능력은 성화되어 생활 속에 들어오며 아버지의 영광을 위하여 열매를 맺게 할 수 있는 것입니다.

이제 거룩한 생활을 하려 한다면 여러분의 거룩이 되시는 그리스도안에 거하십시오. 하나님의 거룩한 자가 인간이 되셔서 스스로 하나님의 거룩을 우리에게 전달해 주시는 그리스도를 우러러봅시다. 참된 거룩과 예수 그리스도 안에서 의롭게 창조된 새로운 성품과 새 사람이 여러분 안에 거하신다는 성경의 가르침에 귀를 기울이십시오.

옛 본성은 악을 행하도록 하지만 여러분 안에 있는 이 거룩한 성품은 거룩한 생활을 하게 하여 거룩한 의무를 행하게 합니다. 여러분 안에 있는 이 거룩한 성품은 그 뿌리와 생명을 하늘에 계시는 그리스도 안에 두고 있습니다. 그 성품은 그리스도와의 관계가 튼튼해짐에 따라 그 근원이 방해를 받지 않을 때만 자랄 수 있습니다. 무엇보다도 예수 그리스도 자신이 여러분 안의 새로운 성품을 유지시켜 주시기를 기뻐하시고 그분의 사역을 위하여 여러분에게 능력과 지혜를 나누어 주시기를 기뻐하신다는 사실을 믿으십시오. 그 믿음을 가지고 자기 신뢰를 버리고 여러분 안에 있는 모든 것은 본질적으로 아주 부패되어 있음을 고백하는 자리로 나아가야 합니다. 그 믿음과 더불어 하나님이 주신 언약을 바라보면서 참으로 하늘 아버지께서 그분의 자녀로서 마땅히 행할 바를 행하도록 하신다는 확신을 가지십시오.

여러분은 능력주시는 자 곧 그리스도를 소유하고 있기 때문입니다. 믿음 안에서 주님이 보시기에 거룩하고 받을만하신 향기로운 제물로 자신을 드리며 봉사하는 것과 영적인 희생의 제단에서 제사하는 것을 배우십시오. 거룩한 생활을 긴장과 노력으로 가득 찬 것으로만 생각하지 말고 여러분 안에 있는 그리스도의 생명이 자연적으로 넘쳐흐르도록 하십시오. 소망과 기쁨이 가득한 믿음을 다시 굳게 붙잡고 거룩한 생활에 필요한 모든 것이 예수의 거룩하심으로부터 주어지는 것임을 확신하십시오. 그럼으로써 여러분은 우리의 거룩이 되시는 그리스도 안에 거하는 것이 어떤 것인지를 이해하게 될 것입니다.

특주

우리 주님의 거룩하신 성품에서 나오는 새로운 품성이 우리 안에서도 형성되고 전달되며 우리가 믿음으로 그것을 사용할 수 있다는 것이 마샬(Marshall)의 귀한 저서 『*The Gospel Mystery of Sancti-*

fication』의 중심 사상입니다.

"우리 심령이 충만해서 율법을 즉시 행할 수 있도록 하는 거룩한 성품의 작용이 그리스도의 충만함으로부터 얻어진다는 것은 놀라운 신비입니다. 그것은 이미 그리스도 안에서 우리를 위하여 예비되었으며 눈앞에 와 있으며 또 주님 안에 쌓여 있는 것입니다. 또 그리스도 안에서 칭의를 받고 그 의를 우리가 소유함으로 거룩한 성품이 작용하게 되며 그것이 그리스도 안에서 우리를 위하여 처음에 완성되고 이루어진 대로 우리에게 전달된다는 것입니다. 첫째 아담 안에서 근본적으로 본질적인 부패가 흘러나오며 전가됩니다.

이와 같이 우리의 새로운 성품과 거룩함이 그리스도 안에서 비롯되며 그로부터 우리에게 처음으로 흘러나와 전가되는 것입니다. 그렇기 때문에 우리는 그 거룩함을 이루기 위하여 그리스도와 함께 일하는 것이 아니라, 우리가 그것을 스스로 받아들여서 우리 손에 이미 얻은 것같이 실천해야 합니다. 이렇게 해서 그리스도와 교제함으로 주 안에서 비롯되는 거룩한 영의 작용을 받게 됩니다. 교제는 몇몇 사람들 사이에 공통적으로 똑같은 것을 가지고 있을 때 가능하기 때문입니다.

이 신비는 너무나 큰 것이어서 복음의 모든 빛에도 불구하고 우리는 흔히 스스로 우리 안에서 새롭게 함으로 거룩한 마음을 얻어야 한다고 생각합니다. 또 우리 마음으로부터 실천하고 추구함으로써 얻는 것으로 생각합니다."

제10장 우리에게 구속이 되시고

너희는 하나님께로부터 나서 그리스도 예수 안에 있고
예수는 하나님께로서 나와서 우리에게 지혜와 의로움과
거룩함과 구속함이 되셨으니 고전 1:30

이제 우리는 그리스도가 그 안에 거하는 자들만을 인도하시는 복된 목표로써 하늘나라에 이르는 사다리의 맨 꼭대기에 이르렀습니다. 비록 구속이란 말이 때로 죄책으로부터의 구원을 일컫는 말로 사용되기도 하지만 여기에서는 죄의 모든 결과로부터의 완전하고도 최종적인 구원을 가리키는 것입니다. 즉 구속자의 사역이 완전히 드러나게 되고 육체 자체의 구속까지 이루어지는 것을 말합니다(롬 8:21~23; 엡 1:14; 4:30 참조). 그 표현들은 미래에 소망하고 바라던 최고의 영광을 말해주는 것이며 또한 그리스도 안에서 현재 누릴 최고의 축복을 가리키는 것입니다.

우리는 선지자이신 그리스도가 어떻게 우리에게 하나님과 그분의 사랑을 나타내 주시며 사랑으로 주어진 구원의 본질과 요건인 지혜가 되시는지를 살펴봤습니다. 제사장이신 그분은 우리의 의가 되셔서 하나님과의 올바른 관계를 회복시켜 주시며 그분의 친절과 자비 안에서 우리를 안전하게 지켜주십니다. 왕이신 그분은 우리의 거룩이 되셔서 아버지의 거룩하신 뜻에 순종하도록 인도하십니다. 이 세 가지 직분의 사역이 이루어짐으로써 하나님의 한 목표가 그 대완성을 보게 됩니다. 그것은 죄로부터의 완전한 구원과 그리스도의 사역의 모든 효과가 성취되는 것이며, 속량받은 인간성이 그 잃었던 모든 것을 회복하게 되는 것입니다.

그리스도는 하나님께로부터 나와서 우리의 구속이 되셨습니다. 말씀은 예수를 바라보라고 초대하며 주님은 지상에 계시는 동안 말씀과 모범을 보이심으로 가르치셨습니다. 또 죽으심으로 우리를 하나님과 화목하게 하시고 승리하신 왕으로 다시 살아나심으로 면류관을 받으시며, 하나님의 우편에 앉으사 창세 전부터 아버지와 함께 누리던 영광을 얻으시고 우리를 위하여 거기 계십니다. 인간의 몸을 입으신 그분의 육체는 한때 그분이 계셨던 죄악된 세상의 죄의 그 모든 결과에서 벗어나 하나님의 영광을 누리게 된 것입니다.

그분은 인자로서 보좌에 거하시며 아버지의 품안에 계십니다. 그분이 죄의 고난으로부터 구원해주신 구원은 영원하고 완벽한 것입니다. 완전한 이 구원이 그분 자신의 인격 안에서 구체적으로 이루어진 것을 볼 수 있습니다. 그분은 인성을 지니시고 하늘에 계시며 거기에서 완전한 구원을 갖고 계십니다. 주님은 하나님께로부터 나와서 우리의 구속이 되셨으므로 우리가 그분 안에 있게 되는 것입니다.

우리가 이러한 사실을 알고 그분 안에 보다 확신있게 거할수록 이 세상에서라도 '내세의 능력'을 더욱 체험하게 될 것입니다. 그분과의 직접적인 교제가 더욱 친밀해질수록 성령님께서 주님을 하늘의 영광 가운데서 우리에게 나타내실 것이며, 우리의 생활이 하늘 보좌에 앉으신 그분의 생활을 닮아갈 것입니다. 우리는 우리 안에서 계속적으로 역사하는 능력을 체험하며 영원한 생명을 맛보게 됩니다. 우리는 영원한 영광을 미리 맛보게 되는 것입니다.

우리의 구속이 되시는 그리스도 안에 거함으로써 흘러나오는 축복은 굉장한 것입니다. 우리 심령은 죽음의 모든 공포로부터 구원을 받았습니다. 우리 주님조차도 죽음을 앞두고 번

민하실 때가 있었습니다. 그러나 이제는 더 이상 그렇지 않습니다. 그분은 죽음을 이기셨습니다. 그분의 육체까지도 영광스럽게 변화된 것입니다. 주님을 구주로 삼고 그리스도 안에 거하는 성도는 지금 이 세상에서도 죽음을 이긴 영적 승리를 체험하고 실현하게 됩니다. 그에게 있어서 죽음은 옛 육신의 장막의 누더기 자락을 치워버리고 새롭고 영광스러운 육신으로 옷입게 하는 것입니다. 죽음은 육신을 무덤으로 가져가며 새로운 육체가 영화로운 영으로 더불어 일어나기에 합당한 것이 되도록 죽어지는 한 개의 밀알이 되는 것입니다.

육체의 부활은 맹목적이며 텅빈 교리가 아니라 우선적인 체험이요, 살아있는 기대입니다. 죽음 가운데서 예수를 일으키신 그분의 영은 우리의 썩을 육체까지도 다시 살리리라(롬 8:11~23)는 보증으로서 우리 몸 안에 계시기 때문입니다. 육신의 죄악된 지체들을 죽이며 성령님의 지배에 온전히 그리고 기꺼이 맡기고자 할 때 이 믿음은 그 거룩하게 하는 힘을 발휘하는 것입니다. 이것은 조만간 이 썩을 육체가 변화되어 주님의 영광스러운 몸같이 될 것을 준비하는 것입니다.

육신에까지 미치는 그리스도의 이 온전한 구속은 쉽게 표현할 수 없는 깊은 의미가 있습니다. 그것은 전인격적인 것이며, 소위 하나님의 형상을 따라 지어졌다고 하는 몸과 영혼에 관한 것입니다. 하나님께서는 천사들을 물질적인 육체가 없는 영적 존재로 만드셨습니다. 세상 창조 시에는 영이 없는 물질이 있었습니다. 인간은 하나님의 작품 중에서 최고의 것으로 한 존재 안에 물질과 영이 온전한 조화를 이룬 것이었습니다.

또한, 하나님과 그의 창조물 사이의 가장 완벽한 결합의 모양이었습니다. 그러다가 죄가 들어왔으며 죄는 하나님의 계획을 위협하려는 것으로 나타났습니다. 죄는 영을 지배하는 무서운 힘을 가진 것입니다. 그런데 말씀이 육신이 되사 우리는 그리스도의 인성 안에서 구체화된 하나님의 충만하심을 받게 되었습니다. 이는 완벽하고 흠없는 구속이 되게 하기 위함입니다. 그리하여 지금 고통 중에서 함께 신음하고 괴로워하는 모든 피조물들이 썩어질 굴레에서 벗어나 하나님의 자녀로서 영광스러운 자유와 구속함을 얻도록 하는 것입니다.

육신이 그 지체와 머리가 되는 정체적인 본질과 함께 신령한 생명의 능력으로 거룩하게 되어 무한한 영의 영광을 나타내기 위한 투명한 옷을 입게 되기까지는 하나님의 목적은 이루어지지 않을 것이며 그리스도의 영광이 충분히 나타나지 못할 것입니다. 우리의 육신이 생명의 능력으로 거룩하게 되어 무한한 영광을 나타내는 투명한 옷을 입게 되는 때에 우리는 "그리스도는 우리에게 온전한 구속이 되셨다"는 사실을 이해하게 될 것입니다.

지금까지 우리는 "너희는 하나님께로부터 나서 너희의 구속이 되시는 그리스도 안에 있다"는 것을 믿어야 할 것을 배웠습니다. 이것은 미래에 나타날 계시를 말하는 것이 아닙니다. 왜냐하면, 현재 그리스도 안에 거하는 충만한 생활을 위해서는 노력해야 하고 구해야 하기 때문입니다. 사망을 이기는 것을 배움으로써 그리스도인의 생활을 누리며 그의 안에 거하게 됩니다. 그리스도께서 우리 육신의 주인도 되신다는 사실을 배우며 육신을 지배하던 무서운 죄의 세력을 믿음으로 이기고, 그리스도인의 충만한 생활을 할 때 그리스도 안에 거하게 됩니다(막 16:17~18). 그분의 구속에 참여하는 것은 불세례를 통해서이지만 모든 자연계도 그리스도의 왕국에 속한 일부분으로 간주해야 합니다. 또한, 내세의 능력이 우리를 사로잡도록 함으로써 우리의 생활을 천국생활로 끌어올리고, 우리의 시야와 마음을 넓혀서 인간으로서는 상상할 수 없는 신령한 일들을 소유하여 그리스도인의 생활을 하게 됩니다.

믿는 자들이여! 여러분의 구속이 되시는 그리스도 안에 거하십시오. 이 구속으로써 그리스도인의 생활의 면류관을 삼으십시오. 그러나 주님을 아는 지식과 무관하게 모든 것을 구하지 마십시오. 주님과의 관계 속에서 여러분이 높이 인도함을 받을 수 있는 것들을 중심으로 구하십시오. 여러분의 구속이 되시는 그리스도 안에 거하십시오. 이러한 생활을 위하여 이전의 신앙생활의 발자취 속에서 신실하게 행하는 것이 가장 귀합니다.

하나님의 존재와 하나님께서 준비하신 모든 것에 대한 온전한 계시가 되시고 지혜가 되시는 주님 안에 거하십시오. 그분의 가르침에 겸손히 순종하고 매일매일 여러분의 내적 생활과 외부 생활에서 그분의 명령에 따르십시오. 그러면 하나님께서 여러분을 대부분의 제자들에게도 알려지지 않았던 비밀들을 계시해 주시기에 합당한 자로 여기실 것입니다. 그 지혜를 통하여 여러분은 온전한 구속의 비밀을 깨닫게 될 것입니다. 주님으로 의를 삼고 그분 안에 거하며 아버지의 기뻐하시는 내적 성전에서 주님으로 옷입으며 아버지의 목전에서 그분이 주시는 의를 받으십시오. 주님과의 화목을 누리는 가운데 여러분은 만물들이 어떻게 그 화목에 동참하게 되고 온전한 구속의 날을 기다리는지 알게 될 것입니다.

> 곧 그 기쁘심을 따라…하늘에 있는 것이나 땅에 있는 것이 다 그리스도 안에서 통일되게 하려 하심이라 엡 1:10

여러분의 거룩이 되시는 그분 안에 거하십시오. 그분의 능력이 영과 혼과 육신을 거룩하게 하시는 체험을 통하여 예루살렘의 모든 것들이 주 앞에서 거룩하게 될 때까지 여러분의 거룩하고 생동하는 믿음을 지키게 해줄 것입니다. 여러분의 구속이 되신 주님과 더불어 살면서 세상에서라도 장차 올 영광의 후사로서 살아가도록 하십시오.

여러분이 그분의 구원하시는 은혜와 능력의 충만함을 체험하려고 할 때 마음이 확대되어 우주 안에서 인간이 처해야 할 위치를 깨닫게 됩니다. 그것은 곧 인간이 만물을 그 아래 복종시키시는 주님의 부르심과 그 높은 지위에 합당하게 살아야 함을 말해주는 것입니다.

제11장 십자가에 못

내가 그리스도와 함께 십자가에 못박혔나니
그런즉 이제는 내가 산 것이 아니요
오직 내 안에 그리스도께서 사신 것이라 갈 2:20

만일 우리가 그의 죽으심을 본받아 연합한 자가 되었으면
또한 그의 부활을 본받아 연합한 자가 되리라 롬 6:5

내가 그리스도와 함께 십자가에 못박혔나니 갈 2:20a

사도 바울은 그리스도의 고난과 죽음과 더불어 교제하고 그 죽으심의 모든 축복과 능력에 동참하는 확신을 위와 같이 표현합니다. 이것은 그의 진정어린 고백이며 참으로 이제는 자신이 죽었음을 깨닫고 있는 것입니다. 그는 계속해서 말합니다.

그런즉 이제는 내가 산 것이 아니요 오직 내 안에 그리스도께서 사신 것이라 갈 2:20b

이 같은 주님과의 연합은 얼마나 복된 것인지!

그분의 죽으심을 진정 나의 죽음으로 여길 수 있음은 곧 하나님께 대한 주님의 온전한 순종, 죄를 이기신 그분의 권세로부터의 온전한 구원을 나의 것으로 하는 것입니다. 그 죽음의 능력이 매일 나의 육신을 죽이는 신적인 능력으로 역사하는 것을 믿음으로 깨달으며 예수님의 부활의 생명에 합당하도록 나의 모든 생활을 새롭게 하는 것입니다. 십자가에 죽으신 예수님 안에 거하는 것은 새로 태어난 생명이 본성의 죽음을 통하여 새롭게 성장하는 비결인 것입니다.

이 사실을 깨닫도록 노력합시다.

"그의 죽으심에 연합하였으니"라는 암시적인 표현이 십자가에서 죽으신 자 안에 거하는 것이 무엇을 의미하는지를 말해줍니다. 접붙인 가지와 원가지가 연합할 때 그것들을 단단히 고정하여 묶어서 원줄기가 잘린(상처를 입은) 그 자리에서 자라도록 해주어야 하며 그래야만 거기에서 새로운 가지를 받아들일 수 있게 된다는 사실을 잘 알아야 합니다. 내적 생명 안에 다른 가지를 받아들이도록 몸을 찢고 맨살을 드러내는 상처가 없이는 접붙일 수가 없습니다.

오직 이러한 상처를 통해서만이 양분의 수수(授受)가 가능하고 보다 더 튼튼한 가지로 자랄 수가 있는 것입니다. 예수님과 죄인들의 관계도 마찬가지입니다. 우리가 그분의 죽으심에 심기워질 때에야 비로소 그분 안에 있는 생명과 능력에 동참하는 자로서 그 부활의 형상 속에 거하게 되는 것입니다. 십자가의 죽음에서 그리스도는 상처를 입었으며 그분의 열려진 상처 안에서 우리가 접붙임을 받을 수 있는 처소가 예비되었습니다.

사람들은 접붙임을 받는 가지를 그 자리에 고정시키면서 실제로 다음과 같이 말할 것입니다.

> "이곳이 앞으로 너를 키워줄 곳이니까 이 줄기의 상처에서 살아야 한다."

주님을 믿는 심령들에게는 이와 같은 메시지가 전달되는 것입니다.

> "예수님의 상처에 거하십시오. 그곳은 연합과 생명과 성장의 장소입니다. 그곳에서 여러분을 받아들이기 위해 주님께서

얼마나 그분의 마음을 열어놓고 계신지를 보게 될 것입니다. 그분의 몸이 여러분을 그분과 하나로 만들기 위한 방법으로서 찢겨진 것을 보게 되며, 그분의 신적 성품에서부터 흘러나오는 모든 축복을 받을 수 있음을 보게 될 것입니다."

또한 접붙임을 받을 가지가 그 본래 자라던 줄기로부터 다른 가지에 맞도록 잘라지는 것을 보게 됩니다. 이와 같이 믿는 자들도 그리스도와 함께 십자가에 못박히고 죽는 데 알맞도록 만들어져야 합니다. 상처가 난 가지들은 서로에게 알맞도록 깎여져 맞추어집니다. 그리스도의 고난과 여러분의 고난 사이에도 교제가 있게 됩니다. 그리고 그분의 체험이 여러분의 것이 되어야 합니다. 그분이 십자가를 지고 고통을 견디고 또 십자가를 선택하는 데서 나타내 주신 특성들이 또한 여러분의 것이 되어야 합니다.

여러분은 죄에 대해 거룩하신 하나님이 내리시는 저주와 의로운 심판에 대해 주님이 가지셨던 전적인 동의와 순종하는 마음을 가져야 할 것입니다. 또한, 죄와 저주의 짐을 진 여러분의 생명을 주님처럼 죽기까지 포기하여 새 생명을 얻도록 해야 합니다. 겟세마네와 갈보리의 자기 희생을 통해서만이 주님처럼 부활 생명의 열매를 맺고 기쁨을 얻는 길을 찾게 됩니다. 접붙임을 받는 가지와 상처가 난 원가지 사이에 유사성이 많을수록 서로 상처가 더욱 쉽게, 확실하게 그리고 완전하게 연합하여 자라날 것입니다.

우리는 십자가에 달려 죽으신 예수님 안에 거해야 합니다.

십자가를 하나님께 대한 속죄로서 바라볼 뿐 아니라 마귀를 이긴 승리로서 보아야 하고, 죄책감으로부터의 구원뿐만 아니라 죄의 권세로부터의 해방으로 보아야 합니다. 주님은 나와의 밀접하고 친밀한 연합과 교제를 위하여 그분 자신을 하나님께 드리십니다. 또 내가 죄에 대해 완전히 죽으신 능력에 동참하는 자가 되도록 십자가의 주님을 나 자신과 동일시해야 합니다. 그리고 주님은 우리를 승리의 새 생명에 참여하도록 하십니다. 우리는 기도의 간절한 소원을 품고 일편단심으로 자신을 맡기며 그분의 죽으심과 성령 안에서 하나로 일치된 친밀한 교제를 위하여 자신을 주님께 위탁하도록 해야 합니다.

또 우리는 십자가가 왜 연합의 장소가 되는지 이해해야 합니다. 십자가 위에서 하나님의 아들이 인간과의 충만한 연합으로 들어오셨으며 거기에서 저주 아래 있는 족속의 일원으로서 인간이 하나님의 자녀가 되는 사실을 마음껏 체험하게 하셨습니다. 생명의 왕자이신 주님이 십자가 위의 죽음에서 사망의 권세를 정복하신 것입니다. 그분이 나누어 주신 생명은 죽음에서 일어난 생명이요, 그 죽음과의 교제를 통하여 그 생명의 능력을 각각 체험한 것입니다. 죽음과 생명은 불가분리의 관계에 있습니다. 구원자되시는 예수께서 주신 모든 은혜는 십자가에서 죽으신 예수와의 교제를 통해서만 주어지는 것입니다. 그리스도가 오셔서 나를 대신하셨습니다.

그러므로 나는 자신을 주님의 자리에 내놓아 거기에서 거해야 합니다. 주님과 내가 공유하고 있는 유일한 처소가 있는 데 그것은 십자가 위입니다. 주님은 십자가를 자의로 선택한 것이며 나는 죄로 인한 저주를 받아 거기에 이르게 되었습니다. 주님은 나를 찾아오셨으며 나는 거기에서만 주님을 만날 수 있습니다. 주님이 거기에 있는 나를 찾으셨을 때 그것은 저주의 장소였습니다. 주님은 이 저주를 체험하신 것입니다. "나무에 달린 자마다 저주 아래 있는 자"이기 때문입니다.

그런데 주님은 그곳을 축복의 장소로 만드셨습니다. 내가 그 축복을 체험하게 되는 것은 그리스도께서 우리를 저주로부터 해방하시고 우리를 위해 저주를 받으셨기 때문입니다. 그리스도가 나를 대신하였을 때에도 그분은 여전히 본래대로 성부 하나님의 사랑스런 아들이셨습니다.

그러나 나와 교제하시면서 나의 저주와 나의 죽음에 참여하신 것입니다. 내가 아직 자연 그대로의 모든 악한 본성을 지닌 채 죽어 마땅한 자로서 주님의 자리에 섰을 때 주님의 생명을 받는 것입니다. 주님이 나와 하나가 되고자 오셨을 때 그분은 불가분리의 십자가를 지셔야 했습니다. 왜냐하면, 저주의 최종적인 목적과 결과는 항상 십자가를 가리키기 때문입니다.

내가 주님과 하나가 되고자 할 때 나는 십자가를 피할 수 없는 것입니다. 십자가 외에 다른 곳에서는 생명과 구원을 찾을 수 없기 때문입니다. 내가 받을 저주 때문에 주님이 불가피하게 나와 온전히 연합할 수 있는 유일한 장소인 십자가로 향하지 않을 수 없었습니다. 주님이 주신 축복 또한 주님과 연합할 수 있는 유일한 장소로서 십자가를 통하여 받을 수밖에 없습니다. 주님은 나의 십자가를 그분 자신의 것으로 취하셨습니다.

그러므로 나도 그분의 십자가를 나 자신의 것으로 만들어야 합니다. 즉 내가 주님과 함께 십자가에 달려야 하는 것입니다. 그것은 곧 내가 십자가에 달리신 예수님 안에 거하여 그분의 달콤한 사랑의 맛을 보고 그 생명의 능력과 그 구원의 완전하심을 체험하는 것입니다.

사랑하는 성도들이여! 그리스도의 십자가는 이같이 심오한 신비입니다. 십자가를 바라보기만 하며 거기에 달려 돌아가신 그리스도를 바라보는 것만으로 만족하고 주님과 교제하고자 하는 생각을 별로 하지 않는다는 것은 염려되는 일입니다. 그들은 주님이 그분과 교제하도록 초대하신 사실을 거의 알지 못합니다. 또 세상의 자녀들과 함께 겪어야 하는 인생의 일상적인 질고를 견디는 것을 그리스도의 십자가에 동참하는 것으로 생각하기도 합니다. 그들은 그리스도와 함께 십자가에 못 박히는 것이 무엇을 의미하는지 잘 모르고 있습니다.

십자가를 진다는 것은 우리가 그리스도와 닮아가는 것을 의미한다는 사실을 모르는 것입니다. 자신의 의지를 전적으로 포기하고 모든 육체의 욕망과 쾌락을 완전히 부인하며 모든 언행 심사에서 세상과 완전히 결별하여 자기의 목숨을 미워하고 잃어버리는 것입니다. 또 타인을 위하여 자신의 이익을 포기하며 자기를 부인하는 것이 그리스도의 십자가를 지는 자의 특성을 말해주는 표시가 될 것이며, 그러한 사람은 이렇게 말할 수 있습니다.

"나는 그리스도와 함께 십자가에 못 박혔으며 십자가에 못
박히신 그리스도 안에 거합니다."

여러분은 모든 행위에 있어서 주님을 기쁘시게 하며 주님이 그 은혜로 지키시는 데로 주님과 더불어 친밀한 교제의 삶을 살려고 하십니까?

성령께서 주님을 경외하는 이 비밀의 복된 진리 속으로 인도하시도록 기도합시다. 아직 십자가가 걸림돌이 되어 있을 때에도 베드로가 그리스도를 살아계신 하나님의 아들로 깨닫고 고백했던 것을 알고 있습니다(마 16:16~17, 21, 23). 죄를 용서하시는 주님의 피를 믿는 믿음과 새롭게 하시는 생명을 가지고, 십자가 아래 거하면서 주님이 의도하시는 온전한 장성의 목표에 나아갈 수 있습니다. 또 주님과 교제하는 삶 속에서 십자가에 달리신 예수와의 온전한 일치를 추구하게 되는 것입니다.

> 십자가에 달리신 우리 구주 예수님!
> 당신을 믿는 것뿐 아니라 당신 안에 거하는 것도
> 가르쳐 주옵소서. 그리하여 용서의 근거가 될 뿐 아니라
> 생명의 법인 주의 십자가를 지고 따라가게 하소서.
> 주께서 우리의 저주를 담당했을 뿐만 아니라
> 십자가 위에서 밀접한 교제를 나누며 함께 못박히도록 한
> 십자가를 사랑하게 하옵소서.
> 우리를 가르치사 성령 안에서 주님이 십자가를 지신 것같이

그 성령이 우리를 온전히 소유하도록 하소서.
그래서 십자가를 통해서만 얻을 수 있는 축복과 능력에
동참하도록 하소서.

제12장 그리스도 안에서 견고케 하심

우리를 너희와 함께 그리스도 안에서 견고케 하시고
우리에게 기름을 부으신 이는 하나님이시니 고후 1:21

사도 바울의 이 말은 우리에게 많은 복된 진리를 가르쳐 줍니다. 그리스도와 연합된 존재로서 우리를 견고케 하시고 기름을 부으신 것은 전능하신 하나님의 사역인 것을 알기에 아버지를 바라보며 주님 안에서 더욱 굳건히 간직되기를 간구하는 것입니다. "주님께서 나의 일을 온전케 하시리라"는 이 확신에 찬 표현은 항상 "당신의 손으로 몸소 지으신 것을 버리지 마소서"라는 기도를 동반해야 할 것입니다. 그리스도 안에서 온전히 거하기를 구하는 성도는 "너희 안에서 선한 일을 시작하신 이가 그리스도 예수의 날까지 이루시리라"는 확신을 굳게 붙잡아야 합니다. "우리를 그리스도 안에서 견고하게 하신 분은 하나님이시다"라는 믿음보다 더 우리를 그리스도 안에 굳게 뿌리박게 해주는 것은 없습니다.

바로 이러한 믿음이 자신들에게 필요하다고 증거하는 자들이 얼마나 많습니까?

그들은 그들의 신령한 생활 속에 계속적인 변덕이 있음을 안타까워합니다. 아주 진지한 날도 있으며 하나님의 은혜를 체험하는 축복을 맛보기도 합니다. 그러나 그 평안이 얼마나 손쉽게 없어져 버리며 심령에 먹구름이 끼고 믿음이 흔들리는지 그들이 지금껏 쌓아 온 모든 노력은 전혀 무익한 것으로 보입니다. 또 그들이 잠시 누렸던 평안을 회복하기 위한 기도와 경성, 엄숙한 맹세도 아무 소용이 없게 보입니다.

그들이 어찌하여 자신의 노력만으로는 실패할 수밖에 없다는 것을 깨닫지 못하겠습니까?

그것은 예수 그리스도 안에서 우리를 세우시는 분은 하나님뿐이시기 때문입니다. 그들은 스스로의 노력을 그치고 그리스도 안에서 생명을 주시겠다는 하나님의 약속을 믿음으로 받아들임으로써 칭의를 얻게 됩니다. 마찬가지로 이제 성화 문제에서도 그들 스스로 그리스도와의 관계를 굳게 하려고 애쓰지 말고 하나님께서 그 일을 하시도록 하는 것이 가장 필요합니다.

> "너희를 불러 그의 아들 예수 그리스도 우리 주로 더불어 교제케 하시는 하나님은 미쁘시도다."

매일 주님 안에 세움을 받는 것이 하나님의 역사라는 것을 믿는 단순한 믿음이 필요합니다. 우리의 부족과 불신앙에도 불구하고 하나님은 그분을 신뢰하기만 하면 그렇게 역사하시기를 기뻐하십니다.

많은 사람들이 이러한 믿음을 통하여 받은 축복과 체험을 증거하고 있습니다.

가지가 더 튼튼하게 자라도록 돌봐주고, 포도나무와의 연합이 보다 완전한 것이 되도록 위험과 방해로부터 지키고 도우시는 농부가 계심을 아는 것은 얼마나 큰 평안과 안심입니까?

우리가 행하는 모든 것은 단지 하나님께서 우리 안에서 행하시는 일을 나타내는 것뿐임을 기억해야 합니다. 그렇지 않고서는 우리가 하나님의 보호하심 아래 거하거나 그것을 바라고 생각할 수도 없으며 그분과 관련된 노력과 기도조차 할 수 없다는 사실은 큰 평안과 안식을 주는 것입니다. 우리를 그리스도 안에 세워주심은 하나님의 역사이며 하나님께서 우리를 권고하사 경성하고 기다리게 하심으로 그 일을 이루십니다. 우리가 스스로 일하려고 함으로 하나님의 일을 거스르지 않고 믿음으로 하나님을 경외하고 그분이 역사하시도록 마음을 열고 받아들일 때에만 하나님께서 역사를 이루시는 것입니다. 이러한 믿음은 우리 심령을 근심과 무거운 책임에서 벗어나게 해줍니다.

죄의 미묘한 유혹이 끊이지 않는 혼란한 세상 속에서와 근심과 시련 속에서 실패하고 탈선하지 않고 항상 주 안에 거하도록 세움을 받는다는 것은 얼마나 축복된 일입니까?

또 그렇게 될 수 있다는 확신을 갖는 믿음은 얼마나 귀한 것인가요?

믿는 자들이여! 주님의 축복은 참으로 여러분의 손길이 닿는 곳에 있는 것입니다. 여러분을 우리와 함께 그리스도 안에 세우시는 이는 하나님이십니다. 하나님의 이 약속을 믿는 것은 여러분에게 위로가 됩니다. 또 하나님은 그 약속이 여러분의 소원을 이루는 방도가 된다는 사실을 받아들이기를 원하십니다. 성경 어느 곳을 통해서나 하나님께서 그분의 백성을 인도하시면서 또 그분의 전능을 나타내시는 데 있어서 항상 그의 믿음이 한 가지 조건임을 배울 수가 있는 것입니다.

믿음은 인간적인 노력에 의지하는 것을 포기하는 것이며 스스로는 할 수 없음을 고백하고, 하나님의 약속과 그것을 이루어 주시겠다는 말씀에 자신을 내어던지는 것입니다. 하나님께서 자기의 역사를 이루시도록 우리 자신을 조용히 그분의 손에 맡겨드리는 일입니다. 여러분에게 지금 필요한 것은 이 진리가 우리 앞에 그 영적인 밝은 빛으로 다가오기까지 조용히 기다리는 자세를 갖는 일입니다. 하나님은 전능하시고 신실하시고 자비하신 분이십니다.

예수 그리스도 안에서 나를 세우기로 하신 하나님의 말씀의 가르침에 귀를 기울이십시오.

> "주께서 너를 그 자신의 거룩한 백성으로 세우시리라.
> 오, 주 하나님이여! 저들의 마음이 여러분을 향하도록 하소서. 너의 하나님이 이스라엘을 사랑하사 그들을 영영히 세우셨도다. 주는 마음이 겸손한 자를 세우시리이다. 너희를 세워주시는 능력이 되신 그에게 영광이 영원토록 있을지어다. 주께서 너의 마음을 그 거룩함에 부끄럽지 않도록 끝까지 세우시리라. 주는 미쁘사 너희를 모든 죄악에서 지키시고 구원하실 것이요, 은혜로 그리스도 예수 안에서 너희를 부르신 하나님은 너희를 온전케 하시며 강건하게 온전히 세우시리라."

지금까지의 여러분의 영적 생활이 만족스럽지 못했고 성격과 환경이 불리할지라도 이러한 말씀들을 그리스도 안에서 세움을 받을 수 있다는 약속으로 받아들일 수 있겠습니까?

서둘지 말고 어린아이 같은 단순함과 온순한 마음으로 하나님의 이 진리 말씀에 귀를 기울이십시오. 그러면 확신을 얻게 될 것입니다. 내가 확실히 그리스도 안에 있는 것같이 내가 매일 주님 안에서 세움을 받을 것입니다.

그 교훈은 아주 단순한 것 같지만 우리들 대부분이 그 교훈을 배우기까지는 상당한 시간을 필요로 합니다. 그것은 무엇보다도 그 은혜의 제안이 너무 크고 우리의 생각을 초월하는 거룩한 것이기에 그 말씀을 액면 그대로 받아들이지 못하기 때문입니다. 그 말씀이 어떠한 결과를 가져다주는지를 한번이라도 체험해 본 사람은 신령한 생활을 통해서 오는 놀라운 변화에 대해 증거할 수 있는 것입니다.

지금까지는 그 자신의 영적 상태를 스스로 책임져 왔으나 이제는 하나님께서 맡아주실 것입니다. 그는 이제 자신이 하나님의 학교에 있는 것을 알며, 하나님께서 교사가 되셔서 그분의 각 학생들을 위한 전체 교육계획을 무한하신 지혜로 작성하신다는 것과 하나님께서 학생들에게 매일 그것을 가르치시기를 기뻐하신다는 것을 깨닫게 될 것입니다.

학생은 다만 자신이 늘 하나님의 손안에 있음을 자각하여 하나님의 인도하심에 따르고 앞서가거나 뒤에 처지는 일이 없도록 간구해야 할 것입니다. 소원을 두고 행하도록 역사하시는 이가 하나님이심을 기억할 때 성도는 자신을 하나님의 역사에 맡겨버리는 데서만 가장 안전한 길을 발견하는 것입니다. 그는 내적 생활과 그의 성장에 관한 모든 걱정을 버리는 것입니다. 왜냐하면, 아버지되시는 농부가 지혜와 세심한 보살핌으로 각 나무를 잘 지킬 것이기 때문입니다. 그는 하나님을 전적으로 그의 소망으로 삼는 자마다 풍성한 열매와 능력

있고 축복받는 생활의 약속이 있음을 알고 있습니다.

성도들이여! 이와 같이 신뢰하는 생활은 축복된 생활임을 인정하지 않을 수 없는 것입니다. 여러분은 아마 어떤 때는 전심으로 그렇게 살기를 원하며 내적 생활에 대한 아버지의 보호에 전적으로 자신을 맡긴다고 말할지 모릅니다. 그러나 그 마음이 언제까지나 계속되지는 않습니다. 여러분은 또다시 잊어버리며 매일 아침 기쁨으로 아버지의 손길에 여러분의 영적 생활의 모든 필요를 의탁하는 대신에 마음이 무거운 짐에 눌려 불안하게 되고 절망에 빠지게 됩니다.

형제여! 그것은 여러분이 매일 아침 여러분의 전적인 헌신을 기억하면서 이 문제를 아버지의 보호하심에 맡겨버리지 못했기 때문입니다. 기억력은 우리들이 타고난 고도의 능력 가운데 하나입니다. 기억력에 의하여 하루하루가 연결되고 우리들의 전 생애를 통하여 생활에 통일성이 유지되는 것이며 우리가 자신들의 존재를 확인하게 되는 것입니다.

신령한 생활에서도 기억을 새롭게 하는 것은 대단히 중요합니다. 하나님께서 훌륭하게 채워주심으로 우리들의 기억력을 영적인 생활에 봉사하도록 거룩하게 하시기 때문입니다. 성령은 생각나게 하시는 분이며 기억을 새롭게 해주시는 영입니다. 예수님은 "성령께서 너희에게 모든 것을 생각나게 하실 것이다"라고 말씀하셨습니다.

> 우리를 너희와 함께 그리스도 안에서 견고케 하시고 우리에게 기름을 부으신 이는 하나님이시니 고후 1:21

생각나게 하시는 영을 주신 것은 우리를 견고하게 세우시기 위함입니다. 하나님의 복된 약속을 믿음으로 받고 끊임없는 믿음의 행위로써 자신을 맡길 때에 그분은 여러분에게 매일 새롭게 이 말씀들을 생각나게 하실 것입니다. 그리스도 안에서 새 사람의 기억력으로서 성령을 주신 하나님을 찬양하십시오.

이것을 본문의 약속에 적용시켜 봅시다.

"우리를 그리스도 안에서 견고하게 하신 이는 하나님이시니."

이제 여러분의 성장에 대한 모든 근심을 버리고 포도나무 안에서 여러분을 견고케 하시는 하나님께 나아간다면 하나님께서 책임져 주신다는 사실이 얼마나 기쁜 일인지를 느낄 것입니다. 성령님은 항상 이 축복된 주님과의 관계를 생각나게 하고 그분께 신뢰하여 간구하도록 하는 것입니다. 주님은 참으로 그 약속대로 이행하실 것이며, 매일 아침 여러분의 믿음이 튼튼하고 맑게 자라나게 하실 것입니다. 나는 매일 그리스도와 더욱 굳게 연합하기 위하여 하나님을 바라봅니다.

"그리스도 안에서 우리를 부르신 모든 은혜의 하나님께서 여러분을 온전케 하시고 견고하게 하시며 세우시니."

사랑하는 성도들이여!

더 이상 무엇을 바라겠습니까?

확신을 가지고 그 은혜를 기대하면서 열심히 간구합시다. 하나님께서 하시는 역사를 기대하고 의지하십시오. 믿음 안에서 노래하기를 배우며 각각의 새로운 체험이 더욱 깊고 달콤한 것이 되도록 "여러분을 견고하게 세우시는 능력이 되시는 하나님께 세세토록 영광을 돌릴지어다. 아멘."

주 안에서 친히 우리를 굳게 세우시는 하나님께 영광을 돌릴지어다.

제13장 때때로 물을 주심

그날에 너희는 아름다운 포도원을 두고 노래를 부를지어다
나 여호와는 포도원지기가 됨이여 때때로 물을 주며
밤낮으로 간수하여 아무든지 상해하지 못하게 하리로다 사 27:2-3

포도원은 이스라엘 백성들을 상징하는 것이며 그 중앙에는 참 포도나무가 서 있는 것입니다. 그 가지는 신자 각 개인을 상징하는 것이며 그들은 포도나무 안에 있는 것입니다. 포도원에 대한 노래는 또한 그의 각 가지와 포도나무를 노래하는 것입니다. 주님은 마음이 약한 선지자들이 배우고 그 기쁨에 참여하도록 할 때까지 즐거운 가락을 노래하는 것입니다.

> 너희는 그를 노래할지어다 나 여호와는 포도원지기가 됨이여 때때로 물을 주며 밤낮으로 간수하여 아무든지 상해하지 못하게 하리로다 사 27:2~3.

신자가 예수님 안에 항상 거하는 것이 가능한가 하는 질문에 대한 하나님 자신의 대답은 무엇이겠습니까?

하나님의 아들과의 끊임없는 교제의 생활이 이 세상에서 가능하겠습니까?

물론 예수님 안에 거하는 것이 우리의 힘으로 해야 할 일이라면 불가능합니다. 그러나 사람에게는 불가능한 것이 하나님에게는 가능한 것입니다. 주님 자신이 우리의 심령을 밤낮으로 지키시고 매순간 보호하시고 물을 주신다면 예수님과의 자유로운 교제의 축복을 누릴 수 있는 것입니다. 이것은 그분의 말씀대로 시행하시고 이루시는 하나님을 믿는 자에게만 가능한 축복입니다. 가지가 여름이나 겨울에도 밤낮으로 계속적인 생명의 교제 안에서 포도나무에 붙어있다는 것은 주님 안에 여러분이 거한다는 데 대한 확실하고도 단순한 증거이며 약속인 것입니다.

어떤 의미에서는 모든 신자 안에는 예수님이 항상 거하십니다. 이것이 없이는 참 생명이 없기 때문입니다.

"사람이 내 안에 거하지 아니하면 그는 버리운 자니라."

그러나 주님께서는 "내 안에 거하라"고 말씀하시면서 "내 안에 거하는 자는 많은 열매를 맺으리라"는 약속을 하셨습니다. 주님의 말씀의 뜻은 그분의 제안을 전심으로 자원하는 마음으로 받아들이는 것을 말하며, 그분 안에 거하는 것은 그것이 우리가 추구하고 선택해야 할 유일한 생활이라는 것을 말해줍니다.

항상 자발적으로 그리고 의지적으로 예수님 안에 거해야 한다고 기대할 수 있는 권리가 우리에게 있겠느냐고 반문하면서 두 가지 질문을 제기하는 사람들이 있습니다. 그중에 하나는 인간의 본성에서 비롯된 것입니다. 그것은 우리의 제한된 능력 때문에 우리가 동시에 두 가지 일에 사로잡힐 수 없다는 것입니다.

곧 하나님의 섭리는 많은 그리스도인들을 그들이 하는 일에서 잠시도 한눈을 팔 수 없게 하시기도 하는데 이런 사람들이 어떻게 한편으로는 그의 하는 일에 전심으로 매달리면서 또 동시에 그리스도에게 붙잡혀 그분과 교제를 유지할 수 있는가라고 질문을 합니다. 그들은 예수님 안에 거하는 것은 이와 같이 긴장과 신령한 생각으로 가득 차 있는 마음이 요구

되는 것이며 그러한 축복을 누리는 것은 생활에서의 모든 일상적인 작업으로부터 떠나야 하는 것으로 생각하는 것입니다.

그런데 이러한 잘못된 생각 때문에 수도자들이 광야로 나가기 시작했던 것입니다. 이처럼 세상 밖으로 나가야 할 필요가 없음을 인하여 하나님을 찬양하십시오. 예수님 안에 거하는 것은 매순간 온 마음과 정성을 다 기울여야 함으로 거기에 붙잡혀서 다른 일을 못하게 되는 것이 아닙니다. 그것은 영원하신 사랑의 보호하심 가운데 자신을 맡기고 신뢰하는 것입니다. 비록 우리가 다른 일에 아주 몰두해야 할 때라도 그 사랑은 믿음 안에서 더욱 우리를 가깝게 하고 그 거룩한 임재가 우리를 지키시며 악으로부터 보호하는 것입니다. 그래서 우리가 스스로 자신들을 지킬 수는 없을지라도 보호함을 받고 있다는 의식 속에서 마음속에 기쁨과 평안과 안식을 누리는 것입니다.

전적인 주의를 필요로 하는 일에 정신을 집중하고 있으면서도 한편으로 일상생활 속에서 우리의 심령을 지배하고 지키는 놀라운 사랑의 지배를 의식할 수 있는 예를 들 수 있습니다. 사랑하는 가족들에게 필요한 것을 주기 위하여 잠시 가정에서 떠나 있는 한 가정의 아버지를 생각해 보십시오.

그는 아내와 자녀들을 사랑하며 그들에게로 돌아가기를 간절히 바라고 있습니다. 그가 일하는 동안 가족들을 생각할 겨를도 없는 순간이 많이 있겠지만 때때로 가족들의 모습을 생각하는 그의 사랑은 깊고도 실제적인 것입니다. 그리고 항상 그 가족들을 행복하게 만들겠다는 그의 사랑과 소망은, 그를 격려하며 그가 일할 때 그 마음속을 신비한 기쁨으로 채우는 것입니다. 시련 가운데서도 기쁨으로 일을 하고 있는 왕을 생각해 보십시오. 비록 그가 충신들을 생각하지 않는 순간에도 그는 내내 충신들을 의식하는 신비한 영향력 아래 일할 것입니다.

사랑스런 어머니나 아내는 잠시라도 자신과 남편과의 문제 또 아이들과의 관계를 잊지 않을 것이며 그녀의 일거수일투족 속에서 그들에 대한 사랑과 관심이 나타날 것입니다. 우리 심령을 지키시고 소유하시는 영원한 사랑도 이와 같은 것이며 우리는 한순간도 이 신비한 의식을 잊지 말아야 합니다. 이 신비한 의식이라 함은 우리가 그분의 전능하신 능력에 붙들린 바 되어 그리스도 안에 있다는 사실과 그것이 가능한 일이라는 확신을 갖는 것을 말합니다.

우리가 예수님 안에 거한다는 것은 사랑의 교제 이상의 것이며 생명의 교제인 것입니다. 일을 할 때나 쉴 때나 이 생명에 대한 생각이 떠나지 않아야 합니다. 그래서 영원한 생명의 놀라운 능력이 우리 안에 있으면서 그 능력의 임재를 자각하도록 해주는 것입니다. 오히려 우리 생명이신 그리스도 자신이 우리 안에 거하시며 그분의 임재를 통하여 우리는 자신들이 그리스도 안에 거한다는 것을 자각하는 것입니다.

항상 자발적으로 그리고 의식적으로 예수님 안에 거할 수 있을까에 대한 두 번째의 질문은 우리의 죄성에 관한 것입니다. 매일 죄를 짓는 것은 피할 수 없는 것이라고 생각해 버리는 그리스도인들이 많습니다. 그리하여 그것을 대수롭지 않게 여기며 아무도 주님과 교제를 계속 유지하지 못할 것이라고 생각합니다. 우리가 때로 충성스럽지 못하고 실패했었던 것은 틀림없습니다. 그러나 죄를 짓는 것은 우리가 바로 죄의 근원이 되는 본성을 가지고 있기 때문만은 아닙니다. 그리스도 안에 거하는 것은 유일하고도 충족한 우리의 구원으로 주어진 것입니다.

우리는 사랑이 많으시고 살아계시는 참 포도나무되신 그리스도 안에서 우리가 장성한 분량에 이르기까지 거해야 하며 그분은 전능하신 능력으로 우리를 우리가 기대하는 데까지 이르도록 굳게 붙드십니다. 우리는 그 말씀을 행할 수 있는 능력과 은혜를 주시지도 않으면서 "내 안에 거하라"는 명령을 주신 것처럼 생각합니다. 우리는 우리가 실패하지 않도록 지키시는 농부이신 하늘 아버지가 계시지 않은 것처럼 생각합니다. 물론 이것은 일반적이고 전체적인 의미에서가 아니라 "밤낮 그리고 매순간"이라는 주님의 귀한 약속에 대해 하는 말입니다.

우리가 하나님을 이스라엘을 지키시는 자로 믿고 바라보기만 한다면 우리는 매순간 그리스도 안에 의식적으로 거하는 것이 바로 하나님께서 참으로 그분이 사랑하는 자들을 위하여 마련하신 계획이라는 것을 믿게 될 것입니다.

"여호와께서 너를 모든 악에서 지키시며 너희 영혼을 지키시리로다."

나의 사랑하는 형제들이여! 바로 이것을 여러분의 목표로 삼으십시오. 물론 여러분이 그 목표를 이루기는 쉽지 않으리라는 것과 여러 차례 쓰라린 실패와 불안의 체험이 있으리라는 것도 잘 알고 있습니다.

그리스도의 교회는 제 사명을 다하고 있습니까?

먼저 믿은 자들은 초신자들에게 본분을 다하고 모범을 보여 여호수아와 갈렙처럼 하나님의 신실하심을 증거하고 허락하신 땅을 정복하러 앞장서야 할 것입니다.

> 우리가 능히 이기리라 여호와께서 우리를 기뻐하시면 우리를 그 땅으로 인도하여 들이시고 그 땅을 우리에게 주시리라
> 민 13:30; 14:7

먼저 믿는 성도들과 초신자들이 교제하며 기쁘게 헌신하는 본을 받음으로 그리스도 안에 있는 자들이 그 자연스러운 결과로 주님 안에 거하는 것을 배우게 될 것입니다. 그러나 그리스도의 지체로서 중요한 부분을 담당하는 자들이 바람직하지 못한 상태에 있다면 이러한 축복을 사모하는 심령들이 그들 주위의 사고방식과 생활에 영향을 받아 짓눌리고 성장에 방해를 받을 것입니다.

내가 이렇게 말함은 낙심하게 만들려는 것이 아니라 나태한 심령에게 경고를 주며 우리 자신들을 하나님의 말씀에 보다 전적으로 맡길 것을 촉구하기 위함입니다. 여러분이 낙심의 문턱까지 갔을 때가 한두 번이 아닌 줄 알지만 용기를 가

지고 믿기만 하십시오. 여러분의 손길이 닿을 수 있는 곳에 축복을 두신 하나님은 틀림없이 그것을 소유하도록 인도하실 것입니다.

우리 심령이 그 축복을 소유하는 데 이르는 방법은 서로 다를 수도 있습니다. 어떤 사람에게 그것은 어느 때 순간적인 선물로 오기도 합니다. 또 부흥사경회에서 성령님이 힘있게 역사하시는 형제 그리스도인과 교제를 나누는 중에, 또는 하나님의 종의 인도하심을 받아, 또는 혼자서 그 선물을 받기도 하는데 그것은 마치 별안간 우리 심령에 새로운 계시를 받는 것 같은 것입니다. 하늘의 빛을 받아서 우리 심령은 튼튼한 포도나무가 연약한 가지들을 그토록 안전하게 붙들고 지탱하고 있는 것을 보는 것입니다. 이것은 의심할 수 없는 일입니다. 우리는 다만 그 말씀이 참으로 의미하는 바를 미처 깨닫지 못했던 것을 오히려 의아하게 생각할 뿐입니다. 계속적으로 그리스도 안에 거하는 것은 모든 그리스도인들의 분복(分福)입니다. 그것은 눈으로 보고 믿음으로 누리는 것이지 저절로 얻을 수 있는 것은 아닙니다.

어떤 사람들에게 그것은 좀더 느리고 어려운 방법을 통해서 옵니다. 그러나 낙담과 어려움 속에서 우리 심령은 매일 앞으로 나가지 않을 수 없게 되는 것입니다. 용기를 내십시오. 그 길도 또한 안식에 이를 것이기 때문입니다. 구하십시오. 그리고 여러분의 마음에 "나 주 여호와가 밤낮으로 지키리라"는 약속의 말씀을 깊이 새기십시오. 주님의 입에서 나오는 깨우치는 경고의 말씀, "매순간"에 주의하십시오. 그 말씀 가운데서 사랑의 법을 발견할 것이며 소망의 법을 찾을 것입니다. 다른 데서 만족을 얻으려 하지 마십시오. 더 이상 이 세상의 죄와 슬픔의 근심과 의무들 때문에 주 안에 거하며 교제하는 생활이 방해를 받는다고 생각하지 마십시오. 오히려 매일 체험하는 믿음의 말씀의 법칙을 붙잡으십시오. 죽음의 공포와 생활의 염려도 내가 두려워할 필요가 없는 것입니다.

> 내가 확신하노니 사망이나 생명이나 천사들이나 권세자들이나 현재 일이나 장래 일이나 능력이나 높음이나 깊음이나 다른 아무 피조물이라도 우리를 주 그리스도 예수 안에 있는 하나님의 사랑에서 끊을 수 없으리라 롬 8:38~39

모든 것이 비관적이고 믿음이 식어질 때 포도원의 노래를 부르십시오.

> 포도원을 지키는 자는 주님이시니 그분이 항상 물을
> 주시며 밤낮으로 다치지 않게 보호하시네.

여호와께서 가지를 밤낮으로 지키신다는 확신과 항상 물을 주신다는 확신이 있다면 끊임없이 계속되는 그리스도와의 교제의 생활은 참으로 우리의 특권이 될 것입니다.

제14장 내일 일은 난 몰라요

백성이 나가서 일용할 것을
날마다 거둘 것이라 출 16:4

일용할 것, 이것은 하나님의 공급과 만나를 거두어들이는 인간의 일에 대한 법칙입니다. 그것은 하나님께서 그분의 자녀들을 은혜로 다루시는 모든 일에 아직도 적용되는 법칙입니다. 하나님의 이러한 계획의 아름다움과 그에 대한 적용에 대해 분명한 통찰력을 가지는 것은 스스로 아주 연약하다고 생각하는 사람이 확신을 가지는 데 큰 도움이 될 것입니다. 큰 사고를 당한 환자가 한번은 의사에게 물었습니다.

"의사 선생님, 내가 얼마나 이 침대에 누워있게 될까요?"

의사는 단지 "그날그날 필요한 만큼 누워있겠지요"라고 대답하였습니다. 이 말은 그 환자에게 귀한 교훈을 가르쳐 주었습니다. 이것은 하나님께서 오래 전에 오고 오는 모든 시대의 백성들을 위해서 기록해 주신 "그날 쓸 것은 그날에"라는 교훈과 똑같은 것입니다.

인간의 연약함을 채우시기 위하여 자비하신 하나님은 밤과 낮이 교대로 바뀌도록 해주셨습니다. 만약 인간에게 시간이 끊이지 않고 오래도록 낮만 계속되는 형태로 주어졌다면 인간은 지쳐서 항복해 버리고 말 것입니다. 밤과 낮이 번갈아 바뀜으로 인간은 계속하여 새 힘을 얻고 피로를 푸는 것입니다. 어린이에게 매일 한 과씩만 가르치면 쉽게 배우지만 그 책 전체를 한꺼번에 가르친다면 그것을 전혀 소화할 수 없을 것입니다.

이와 같이 인간에게도 시간이 밤낮으로 구분되지 않는다면 감당할 수 없을 것입니다. 시간이 조각으로 작게 나뉘어져 있으므로 인간은 그것을 견딜 수가 있는 것입니다. 매일 그날에 해당되는 일과 그날의 염려를 하면서 살면 되는 것입니다. 밤의 휴식을 통하여 그는 매일 아침 상쾌하고 새로운 출발을 할 수가 있습니다. 과거의 잘못을 거울삼아 되풀이하지 않고 거기에서 얻은 교훈을 더욱 개선해 가는 것입니다. 자기에게 주어진 하루하루에 충실한다면 오랜 세월과 긴 생애 동안에도 그 시간들을 지루하다거나 부담스럽게 생각하지 않고 지낼 수가 있는 것입니다.

하나님의 은혜를 누리는 생활에서도 이 진리가 적용되며 여기에서 우리는 아주 믿음직한 격려를 받습니다. 그런데 많은 심령들이 이렇게 메마르고 황량한 광야를 여행하는 동안 계속 필요한 만나를 어떻게 보관하고 어떻게 모을 수 있을까 하는 생각으로 마음을 산란하게 합니다. 그들은 "그날 쓸 것은 그날에"라는 말씀 속에 있는 말할 수 없는 위로를 배우지 못하고 있는 것입니다. 그 말씀은 내일에 대한 모든 염려를 송두리째 씻어줍니다.

> "항상 예수님 안에 거하기 위하여 냉대와 유혹과 세상의 시련과 싸워야 했던 동안에 나는 어떠한 약속(보장)을 받았는가?"

우리는 위와 같은 질문을 해야 하는데도 그런 것은 묻지 않고 있습니다. 그런데 여러분에게 힘이 되고 양식이 되는 만나는 오직 그날그날 주어질 뿐입니다. 현재 주어진 시간을 충실하게 채우는 것만이 여러분의 미래를 보장하는 것입니다. 오늘 맡은 의무를 다하여 완수하며 그것을 즐겁게 받아들이십시오. 오늘 누린 하나님의 임재와 은혜는 모든 의심을 버리고 내일도 그분에게 의지할 수 있도록 해줄 것입니다.

하루를 살아가는 데 있어서 이 진리는 우리에게 얼마나 귀중한 것을 가르쳐 주는지 모릅니다. 우리는 자칫하면 전체로서의 인생만 보고 오늘 하루를 소홀히 하기 쉽고 하루하루가 모여서 전생애를 이루고 하루하루의 가치는 그것이 전체 생애에 미치는 영향력에 달려있다는 사실을 잊을 때가 많습니다. 그러나 하루를 잃는 것은 고리의 연결이 끊어진 것이며 이것을 보충하려면 또 하루가 걸릴 것입니다. 잃어버린 하루는 그 다음날에 그 영향력을 행사하지 못하고 그날을 성실하게 사는 것을 더욱 어렵게 할 것입니다. 하루를 잃어버림으로써 몇 달 또는 몇 년을 노력해서 얻은 것을 잃을 수도 있습니다. 많은 신자들의 체험이 이것을 증명하고 있습니다.

성도들이여! 예수님 안에 거하려거든 하루하루를 주님 안에서 거하십시오. 여러분은 이미 매순간마다라는 메시지를 들었습니다. 그날그날이라는 메시지 속에는 이 외에도 배울 점이 많습니다. 어떤 때에는 여러분 쪽에서 마음의 직접적인 작용이 없는 순간도 많을 것입니다. 그러나 거한다는 것은 마음의 보다 깊은 곳을 말하는 것이며 여러분이 자신을 맡긴 아버지에게 보호를 받는 것을 의미하는 것입니다. 이것은 하루하루가 매일 새로워지며 매순간의 생활을 다시 한번 온전히 맡기며 신뢰하는 것을 말합니다. 하나님은 매순간들을 모아서 우리가 그 길이를 측정할 수 있도록 한 묶음으로 만드십니다.

우리는 아침에는 기대하고 저녁에는 되돌아보면서 매순간들을 비교해 보고 그것들을 어떻게 바로 사용하며 평가할지를 배우는 것입니다. 하나님께서 그분의 사랑하는 아들 안에서 여러분에게 베푸신 위치를 여러분이 새롭고 밝은 마음으로 받아들일 때 하나님께서 여러분과 함께해야 할 사람들과도 만나 주시는 것입니다. 이와 같이 하나님께서는 밤과 낮을 정하신 것을 생각하고 그것을 채워주려고 하십니다. 하나님께서는 우리의 연약함을 생각하시고 그것을 채워주려고 하십니다.

그리스도 안에 거하라는 부르심에 응하는 가운데서 매일매일 그 보람을 갖도록 하십시오. 한 날의 빛이 잠에서 깬 여러분의 눈을 비췰 때 "예수 그리스도 안에서 거하고 자랄 수 있도록 주어진 다시 오지 않을 오늘 하루여!" 하는 마음으로 새 날을 맞으십시오. 건강할 때나 병들었을 때나, 기쁠 때나 슬플 때나, 바쁠 때나 쉴 때나, 승리했을 때나 투쟁의 날이나 여러분은 그날을 맞으면서 다음의 말을 생각하십시오.

> "아버지께서 주신 또 하루, 이날에 내가 예수님에게 더욱 가까이 연합하리라."

오늘 하루 너를 예수님 안에 거하도록 지키며 예수님이 네가 풍성한 열매를 맺도록 해주실 것을 믿고 의지하느냐고 아버지께서 물으실 때 여러분은 "내가 신뢰하여 두려워하지 않습니다"라는 즐거운 응답을 하지 않을 수 없을 것입니다.

하나님께서는 이스라엘 백성에게 그날 일용할 것을 아침

일찍 내리셨습니다. 그 양식은 그날 하루의 활동에 필요한 양분이지만 아침에 그것을 받고 거두어들였습니다. 이 사실은 아침 시간에 무엇을 하며 어떻게 보내는가에 따라 하루를 올바로 보낼 수 있으며 우리의 힘을 바르게 사용하여 예수님 안에 종일 거할 수 있음을 말해주고 있습니다.

첫 열매가 거룩하다면 그 반죽덩이도 거룩할 것입니다. 아침에 거둔 만나로 종일 먹을 수가 있습니다. 그것은 성도가 주님과의 사랑의 교제를 더욱 새롭고 깊게 하기 위해 아침에 개인적으로 조용한 시간(quiet time)을 갖고 종일 주님 안에 거하는 생활이 되도록 하는 것을 말합니다. 아침 제단에서 우리가 감사함은 분명한 명분이 있는 것입니다. 아침에 그 신선함과 고요함 속에서 신자는 하루를 조용히 설계하는 것입니다. 그날그날 해야 할 의무와 지난날 주님과 동행함으로 물리쳐왔던 시험들을 생각하면서 모든 것을 주님이 맡아주시도록 맡기는 것입니다. 그리스도께서 그의 만나와 양분과 생명과 힘이 되는 것입니다. 그는 그날에 필요한 모든 일용할 것들을 위해 그리스도를 영접하여 그날도 복되고 장성하는 하루가 되게 하기 위해 확신 속에 전진하는 것입니다.

그리고 귀중한 교훈과 하루 동안의 일과들을 마음에 깊이 간직하면서 성도는 "매일매일 끊임없는"(출 29:38) 그 말씀에 담겨진 비결을 배웁니다. 믿음에 붙잡혀 매일 주 안에 거하는 복된 생활은 계속적으로 성장하는 것입니다. 하루하루를 충성스럽게 사는 것을 통하여 다음날에도 복을 받으며 쉽게 모든 것을 맡기고 주님을 의지하게 되는 것입니다. 그리하여 그리스도인의 생활은 자라게 되는 것입니다. 또한, 우리 마음 전체를 매일의 일에 쏟음으로써 복을 받습니다. 그래서 하루하루를 예수님 안에 거하게 되는 것입니다. 그리고 하루하루가 모여 일생이 됩니다. 도달하기가 어렵고 너무 높을지라도, 그날에 자기에게 맡겨진 몫을 충실히 감당하는 심령은 마침내 그것을 얻게 되는 것입니다.

> 기록된 규례대로 초막절을 지켜 번제를 매일 정수대로 날마다 드리고 스 3:4

그러면 세상에서라도 다음과 같은 칭찬을 받게 됩니다.

> 그 주인이 이르되 잘하였도다 착하고 충성된 종아 네가 작은 일에 충성하였으매 내가 많은 것으로 네게 맡기리니 네 주인의 즐거움에 참예할지어다 마 25:21

그리고 우리의 매일의 생활에서 하나님의 놀라운 은혜와 우리의 찬양이 번갈아 나타나게 됩니다.

우리는 하나님께서 확실하고 풍족하게 그날그날 쓸 것을 우리에게 채워주시는 이유를 깨달아야 합니다. 우리는 매일 주님의 방식을 따라 간구함으로 그날 필요한 것만을 확실하고 풍족하게 받도록 해야 합니다. 우리는 해가 뜨고 지는 것이나 혹은 우리가 한 일이나 먹은 음식으로 우리의 날을 헤아리지 말고 매일 새롭게 하시는 만나의 기적 즉 세상의 빛이 되시고 생명이 되시는 주님과 매일 복된 교제를 나누는 것으로 우리의 날을 헤아려야 할 것입니다. 천국생활도 지상생활과 같이 끊어지지 않고 계속적인 것입니다. 그리스도 안에 매일 거함으로써 그날의 축복을 받게 되는 것입니다.

주여! 우리 각자가 모두 이러한 매일의 필요한 축복을 누리게 하소서.

제15장 지금은 구원의 날이로다

보라 지금은 은혜받을 만한 때요
보라 지금은 구원의 날이로다 고후 6:2

우리 편에서 그리스도 안에 거하는 삶을 바라볼 때에 매순간을 의식하면서 살아간다는 것은 대단히 중요하므로 여기서 또 한번 제목을 삼아 다루려고 합니다. 매순간마다 축복된 삶을 누리는 방법을 배우기를 간절히 원하는 자들에게 그것은 지금 이 순간의 삶 속에서 여러분 자신을 훈련시키는 것이라고 말하고 싶습니다. 기도하거나 생각하거나 또는 잠시 그냥 앉아 있을 때에라도 자유롭게 예수님의 생각으로 여러분 자신을 가득 채울 수 있습니다.

우선 "지금 이 순간 나는 예수님 안에 거한다"라고 말하면서 조용히 예수님을 생각하십시오. 지금껏 충만히 거하는 생활을 못해왔다고 쓸데없이 후회만 하지 말고 그러한 시간을 이용하십시오. 당장 주님 안에 거할 수 없을 것이라고 염려하는 것은 여러분에게 해로운 것이며 단지 아버지께서 말씀해주신 그 위치로 당장 뛰어드십시오. 즉 "나는 그리스도 안에 있다. 이것은 하나님께서 내게 주신 자리이며 나는 그것을 받아들였고 거기에서 내가 안식하리라. 이제 나는 예수님 안에 거한다"라고 하는 것입니다. 이렇게 하여 계속적으로 주님 안에 거하기를 배우는 것입니다.

여러분이 아직도 연약하여 매일 "나는 예수님 안에 거한다"라고 말하기가 두려울지 모릅니다. 그러나 아무리 연약한 사람도 그가 포도나무의 가지로서 존재함을 인정한다면 매순간 "그렇다. 나는 그리스도 안에 거한다"고 말할 수 있을 것입니다. 그것은 느낌의 문제가 아니라 그리스도인 생활 속에서의 능력과 성장의 문제입니다. 그것은 단순히 지금 이 순간에 여러분이 주님 안에서 가지는 위치를 자각하고 인정하는 것이며 또 그것을 바라고 있는지 또 받아들일 것인가 하는 의지의 문제입니다. 여러분이 성도라면 여러분은 그리스도 안에 있는 것입니다. 여러분이 그리스도 안에 있고 그곳에 머물기를 원한다면 여러분은 단지 한순간일지라도 마땅히 "찬양을 받으시는 주여! 내가 이제 여러분 안에 거하나이다. 나를 지켜 주소서"라고 말해야 할 의무가 있습니다.

곧 '지금'(now)이라는 작은 단어 속에 믿음생활을 위한 오묘한 비결의 하나가 있다"는 말입니다. 이것은 영적 생활에 관한 토론회 끝에 어느 경험 많은 목사님이 하신 말씀입니다. 그는 그가 예전에는 몰랐던 어떤 진리를 새롭게 배운 것은 없었으나 이미 알고 있는 영적 진리를 생활에서 올바로 실천하는 것을 배웠습니다. 그는 형편과 환경이 어떻든 간에 매순간 "예수님이 나를 지금 구원하신다"라고 말할 수 있는 것이 그가 가진 특권임을 알게 되었습니다. 이것은 참으로 안식과 승리의 비결입니다.

내가 "지금 이 순간에 예수님은 내게 있어서 하나님께서 그에게 주기를 의도하신 모든 것 즉 생명, 능력, 평화가 되신다"라고 말할 수 있다면 좋은 일입니다. 내가 그 말을 굳게 붙잡고 안식을 얻으며 깨달을 수 있다고 말할 수 있다면 그 순간 나는 필요한 모든 것을 가지게 되는 것입니다. 내가 어떻게 하나님께로 나서 그리스도 안에 거하는지를 깨닫게 되고, 내 아버지께서 준비하신 자리를 주님 안에서 내가 차지한다면 내 심령은 평안히 정착하게 되며 그리스도 안에 거하게 될 것입니다.

믿는 자들이여! 매순간마다 그리스도 안에 거할 수 있는 방법을 찾으려고 할 때 그 방법은 바로 지금 이 순간에 주님 안에 거하는 것이라는 사실을 잊지 맙시다. 언제까지나 계속되고 변치 않을 어떤 상태에 도달하려고 헛된 노력을 하지 마십시오. 단지 살아계시며 한 분이신 주님 즉 그리스도를 기억하고 그분만이 여러분을 지킬 수 있고 또 그렇게 해주시려고 기다리신다는 것을 기억하십시오. 바로 지금 이 순간에 당장 주님을 믿도록 하십시오. 이것이 그다음 단계로 나아가는 유일한 방법입니다.

주님과 영원히 그리고 온전하게 동행하는 생활은 미래의 소유로서 단번에 주어진 것이 아닙니다. 그것은 각 단계를 거쳐 얻게 되는 것입니다. 그러므로 지금 이 순간부터 여러분이 주님을 신뢰한다는 사실을 나타낼 수 있는 모든 기회를 활용하십시오. 기도하려고 엎드릴 때마다 먼저 "아버지, 나는 그리스도 안에 있으며 이제 그분 안에 거합니다"라고 하는 단순한 헌신과 신앙의 행동을 보이십시오. 정신없이 바쁜 중에도 자신을 돌아보는 기회를 가질 때마다 무조건 먼저 "나는 그리스도 안에 있으며 지금도 그분 안에 거한다"라고 고백하십시오. 죄에 짓눌려 마음속으로는 어지럽고 어쩔 줄 모르는 때에도 먼저 다음과 같이 고백하면서 주님을 바라보십시오.

> "아버지 내가 범죄했나이다. 그러나 그리스도 안에 있는 자로서 부끄러움을 무릅쓰고 주께 나왔나이다. 아버지 내가 여기 있나이다. 다른 데는 갈 곳이 없습니다. 나는 하나님께로

나서 그리스도 안에 거합니다. 이제 나는 그리스도 안에 거합니다."

그렇습니다. 그리스도인들이여! 하루의 매순간마다 모든 가능한 여건 속에서마다 "내 안에 거하라"고 부르시는 음성을 들을 수 있습니다. 그리고 여러분이 이 책을 읽고 있을 때에도 "지금 당장 오라. 주 안에 항상 거하는 축복된 생활로 들어오라. 지금 곧 나오라"는 음성을 들을 것입니다.

다윗의 생애 가운데서 우리는 이것을 분명히 나타내 주는 아름다운 구절을 찾아볼 수 있습니다(삼하 3:17~18). 다윗은 유다의 왕으로 기름부음을 받았습니다. 그러나 다른 지파들은 아직도 사울의 아들 이스보셋을 따르고 있었습니다. 사울의 군대장관 아브넬은 이스라엘 지파들을 하나님께서 민족 전체의 왕으로 세우신 다윗에게 인도하기로 결심했습니다. 그는 이스라엘 장로들에게 말했습니다.

> "과거에 너희들은 다스릴 왕으로 다윗을 구했었다. 이제 그를 왕으로 맞으라. 여호와께서 말씀하시기를 내가 내 종 다윗의 손을 통하여 내 백성을 그들의 손 곧 블레셋의 손에서 구원해 내리라고 하셨기 때문이다."

그들은 그 말씀대로 행하여 두 번째로 다윗을 왕으로 기름부어 처음에는 유다만을(삼하 5:3) 다스렸으나 이제는 온 이스라엘을 다스리게 한 것입니다. 여기에서 전적인 헌신과 한결

같은 충만의 생활과 주님과 충만히 동행하는 생활을 위한 아주 교훈적인 모형을 보게 됩니다.

처음에 유다는 하나님이 기름부으신 왕에게 충성했으나 이스라엘은 그들 스스로 뽑은 왕을 고집하여 분열되었습니다. 분열된 왕국은 원수들을 정복할 힘이 없었습니다. 개인의 분열된 마음을 생각하면 이해하는 데 도움이 될 것입니다. 거룩한 산 유다 즉 우리 심령의 내부에서는 예수님을 왕으로 받아들였으나 주위의 다른 영토 즉 매일의 생활에서는 아직도 완전히 왕에게 충성하지 못하는 것입니다. 아직도 생활의 절반 이상이 자신의 의지의 지배를 받고 있으며 스스로 주인 노릇을 하고 있는 것입니다. 그래서 내적인 평안도 없고 밖으로 원수를 정복할 힘도 없는 것입니다.

이스라엘 백성들이 과거에 그들을 다스릴 왕으로 다윗을 구했었듯이 우리에게도 보다 나은 것을 갈망하는 마음은 있습니다. 과거에 이스라엘은 다윗이 블레셋을 정복했으므로 그를 신뢰하던 때가 있었으나 그들은 곧 곁길로 가고 말았습니다. 아브넬은 다윗이 모든 백성을 다스려야 한다는 하나님의 뜻을 이스라엘 백성들이 알고 있으므로 백성들에게 호소했습니다. 그러므로 예수님 앞에 처음 나온 신자는 참으로 예수님이 모든 것을 다스리는 주가 되시기를 원하며 그 주님만이 홀로 왕이 되시기를 바라는 것입니다. 그러나 슬프게도 불신과 자신의 고집 때문에 예수께서 그 신자의 모든 생활에 걸쳐 그 능력을 미치지 못하십니다. 그래서 아직도 그 신자는 만족함을 얻지 못하는 것입니다.

보다 나아지기를 바라지도 않으면서 어떻게 나아지기를 기대하겠습니까?

그러므로 하나님의 약속을 따르십시오. 아브넬은 말합니다.

> "주께서 다윗의 손을 통하여 내가 내 백성을 그 원수들의 손에서 구원해 내리라고 말씀하셨다."

그는 하나님의 약속에 호소합니다. 즉 다윗이 과거에 적인 블레셋을 정복했으므로 오직 그만 이 머리 있는 원수들도 정복할 수 있다고 말합니다. 그가 모든 원수들의 손에서 이스라엘을 구원해야 하는 것입니다.

이것이 우리 심령이 모든 원수들에게 승리하기 위하여 예수를 신뢰하도록 초대받은 아름다운 약속의 모형인 것입니다. "주께서 말씀하셨다"는 이 말씀은 우리에게 유일한 소망이 됩니다. 그 말씀 안에서 우리는 확실한 기대를 갖습니다.

> 이것은 주께서 예로부터 거룩한 선지자의 입으로 말씀하신 바와 같이 우리 원수에게서와 우리를 미워하는 모든 자의 손에서 구원하시는 구원이라 우리 조상을 긍휼히 여기시며 그 거룩한 언약을 기억하셨으니 곧 우리 조상 아브라함에게 맹세하신 맹세라 우리로 원수의 손에서 건지심을 입고 종신토록 주의 앞에서 성결과 의로 두려움이 없이 섬기게 하리라 하셨도다 눅 1:70~75

다윗은 그 땅의 구석구석까지 지배하였으며 단합되고 순종하는 백성들을 승리로 이끌었습니다. 이것은 하나님의 약속을 믿는 믿음을 갖자마자 모든 것을 그분에게 맡기며 주님과 동행하도록 자기 중심의 전생활을 포기하는 것을 말해줍니다. 이것은 또한 예수님이 우리를 위해 주신 약속이기도 합니다.

아브넬은 "과거에 너희들은 다윗을 너희들의 왕으로 세워주기를 원했었다. 그러므로 이제 너희들은 그에게 순종하라"고 말합니다. 이제 순종하라는 것은 다윗과 이스라엘 백성들의 이야기를 통해서 예수님의 무한한 능력에 자신을 맡기고자 하는 우리를 깨닫게 하시는 메시지가 됩니다. 여러분이 비록 준비가 안됐을지라도 또 여러분의 생활이 절망적이고 찢겨진 상태일지라도 나는 지금 바로 이 시간에 즉시 헌신하기를 요구하는 그리스도의 말씀에 순종하라고 권하는 것입니다.

나는 주께서 그분의 능력을 베풀어 주시며 그분의 뜻에 따라 여러분에게 명령하시고 원수들을 정복하게 하시고 주님을 섬기는 능력을 받도록 훈련시키는 데는 시간이 걸리리라는 것을 알고 있습니다. 이것은 일순간에 되어지는 일은 아닙니다. 그러나 순간적으로 해야 할 일 즉 바로 지금 이 순간에 해야 할 일들이 있는 것입니다. 그중에 하나는 예수님께 여러분이 모든 것을 의탁하고 오직 전적으로 그 안에서만 살도록 여러분 자신을 헌신하는 것입니다. 시간이 흐름에 따라 연단을 통하여 믿음이 더욱 튼튼해지고 확실해져서 그 헌신은 보다 분명해지고 확실하게 됩니다. 그렇게 될 때까지 꼭 기다려야 할 필요는 없습니다.

지금 당장 시작하는 것만이 그렇게 될 수 있는 유일한 길입니다. 지금 당장 시작하십시오. 지금 바로 이 순간에 자신을 온전히 그리고 항상 예수님 안에만 거하도록 헌신하십시오. 이것은 순간의 역사입니다. 이와 같이 그리스도가 여러분을 새롭게 받아들이는 것은 순간의 역사를 통해서인 것입니다.

그분이 여러분을 그분 자신의 것으로 소유하시고 붙드신다는 것을 확신하고 새롭게 "예수님! 내가 당신 안에 거합니다"라고 고백할 때마다 보이지는 않지만 친밀하고 따뜻하게 응답해 주시는 것을 알아야 합니다. 믿음의 행위는 헛되지 않습니다. 그분은 우리들을 힘있게 붙잡으시며 그분 자신에게로 가까이 이끄십니다. 그러므로 그 메시지를 생각하고 들을 때마다 당장에 순종하십시오. 매순간 지금 곧 시작하라는 속삭임이 들리는 것입니다.

깊이 생각하면 곧 지금 이 순간에 받는 축복이 얼마나 빨리 그 다음 순간으로 이어지는가를 보게 될 것입니다. 곧 그분께 순종하는 사람은 영원토록 변함이 없으신 그리스도에게 그 자신을 연결시킨 것입니다. 거룩한 생활의 능력이 끊임없는 연합으로 그를 사로잡는 것입니다. 지금 당장 시작하라는 것은 지금 보기에는 아무것도 아닌 것처럼 보이지만 그것은 곧 영원한 현재의 시작이 되며 영원한 비밀과 영광에 이르는 것입니다. 그러므로 그리스도인 형제여 그리스도 안에 거하십시오. 지금 당장 시작하십시오.

제16장 모든 것을 잃어버림

내가 그를 위하여 모든 것을 잃어버리고 배설물로 여김은
그리스도를 얻고 그 안에서 발견되려 함이니 내가 가진 의는
율법에서 난 것이 아니요 오직 그리스도를 믿음으로
말미암은 것이니 곧 믿음으로 하나님께로서 난 의라 빌 3:8~9

생명이 있는 곳에는 받고 내어놓는, 또 받아들이고 채우는 끊임없는 상호교환, 수수작용이 있습니다. 그 한 예로 내가 섭취한 양분은 내가 하는 일에서 다시 밖으로 발산되게 됩니다. 또한, 내가 받은 인상은 나의 사상과 감정 속에 표현되는 것입니다. 전자는 후자와 상호의존하면서 밖으로 내어놓는 일은 받아들이는 능력을 계속 높여줍니다. 이러한 건강한 수수작용 속에서 생활의 모든 즐거움이 있는 것입니다.

이것은 신령한 생활에서도 마찬가지입니다. 신자의 생활을 항상 받기만 하는 특권을 누리는 것으로만 생각하는 그리스도인들이 있습니다. 그들은 끊임없이 포기하며 주는 것만이 받아들이는 힘을 더욱 강하게 한다는 사실을 깨닫지 못하고 있는 것입니다. 가진 것을 내놓는 데서 축복이 오는 것이며 그럼으로써 하늘의 충만이 넘쳐흐르는 것입니다. 이것이 우리 주님께서 계속해서 가르치시는 진리입니다.

주님께서 보화를 갖기 위해 모든 소유를 팔았다는 비유를 가르치시며 생명을 얻기 위하여 목숨을 버린다고 하실 때에, 또 모든 것을 버린 자는 백 배로 받는다는 말씀을 하실 때 그는 제자들을 위하여 하늘나라의 법칙으로서 자기 희생의 필요를 나타내 보여주신 것입니다. 우리가 참으로 그리스도 안에 거하여 주님 안에서 발견되기를 원하고 생활이 항상 전적으로 주 안에 있기를 원한다면, 사도 바울처럼 각각의 분량대로 다음과 같이 고백해야 합니다.

> 그러나 무엇이든지 내게 유익하던 것을 내가 그리스도를 위하여 다 해로 여길 뿐더러 또한 모든 것을 해로 여김은…그리스도를 얻고 그 안에서 발견되려 함이니 빌 3:8

우리에게 포기하고 버릴 것들이 무엇이 있는지를 살펴보도록 합시다. 우선 무엇보다도 죄가 있습니다. 죄를 포기하지 않고서는 진정한 회개란 있을 수 없는 것입니다. 그러나 아직도 초신자들은 죄가 무엇인지 모르고 또 하나님의 거룩하심이 무엇을 요구하시는지 모르며 예수님의 능력이 어느 정도까지 죄를 정복할 수 있게 해주시는지 모른다는 핑계로 부분적이고 피상적으로만 죄를 포기하게 됩니다.

그러나 신자의 생활이 장성함에 따라 거룩하지 못한 모든 것으로부터 완전히 구별되고 정결하게 되어야 할 필요가 생깁니다. 우리가 그리스도 안에 거하고 항상 그 안에서 발견되고자 하는 욕망이 간절할 때 우리는 더욱 거룩해져야 합니다. 또 우리 심령이 헌신자의 새로운 행위가 필요한 것을 깨닫게 될 때 세상으로부터 구별되어야 할 필요를 느끼게 됩니다.

그리고 나서 우리는 새삼스럽게 자신이 그리스도 안에서 죄에 대해서는 죽은 존재임을 알게 되고 죄악된 모든 것을 버리게 되는 것입니다. 하나님의 성령의 능력 안에서 우리의 타고난 놀라운 능력을 발휘함으로써 우리 미래의 모든 생활이 더 이상 죄를 짓지 않고 온전히 오직 의의 종이 되려는 한 뜻을 향한 생활이 되는 것입니다. 우리는 죄악을 청산함으로 우리의 생활이 참으로 하나님의 사랑과 임재가 넘치는 것으로 바뀐다는 확신 속에서 행해야만 합니다.

불의를 버린 다음에는 자기의 의를 포기해야 합니다. 한편으로 우리 자신의 공로와 업적을 내세우지 않으려고 애를 쓰면서 하나님을 올바로 섬기고 자신을 부인한다는 것이 참으로 무엇을 의미하는지를 깨닫게 되는 데는 오랜 시간이 걸립니다. 우리는 자신도 모르는 사이에 마음대로 행동하여 하나님의 목전에서 자기가 좋은 대로 행하는 때가 많습니다. 기도와 예배를 소홀히 하고 성령님의 역사를 잊어버린 채 하나님의 사업을 하려는 것은 무모한 일입니다. 우리는 "내 안에 곧 내 육신 안에는 선한 것이 아무것도 없느니라"는 말씀의 교훈을 아직도 충분히 깨닫지 못하고 있는 것입니다.

그러나 우리가 이미 배운 대로 본질상의 부패가 얼마나 모든 방면에 침투되고 만연되어 있는가를 알고 있기 때문에 자신에게 속한 모든 것을 포기하지 않으면 안됩니다. 그것들을 죽음에 내어주지 않고서는 그리스도 안에 온전히 거할 수 없는 것입니다. 오로지 성령님께서 우리 안에 역사하심으로 하나님께서 받으실 만한 일을 우리가 할 수 있는 것입니다.

우리는 창조자께서 우리에게 부어주신 능력과 은사로만 그리고 하나님께서 우리에게 관심을 갖고 다시 한번 기회를 주심으로써만 온전한 생활을 하게 됩니다. 그뿐만 아니라 여러분이 일단 진심으로 회개했다면 모든 것이 주님을 섬기는 데 쓰여지도록 바라는 간절한 소망을 갖게 될 것입니다. 그런데 그 소망은 좋은 것이지만 구체적으로 어떻게 해야 하는지를 알지 못하는 것입니다. 하나님의 자녀가 되기만 하면, 우리 은사를 주님을 섬기는 데 사용하는 것은 저절로 따라오는 결과다라고 생각하는 사상은 보다 깊은 영적 생활을 하는 데 있어서 교회에 큰 해를 끼쳤습니다. 하나님의 자녀가 되면 저절로 우리의 은사를 주님을 섬기는 데 사용하게 되는 것이 아니며 특별한 은혜가 있어야 합니다. 그 특별한 은혜를 받는 방법도 역시 희생과 헌신을 통한 것입니다.

우선 내가 하나님의 자녀임에도 불구하고 어떻게 나의 모든 은사와 능력들이 죄에 의하여 더럽혀지고 육신의 힘에 붙잡혀 있는가를 살펴봐야 합니다. 나는 하나님의 영광을 위하여 그 은사들을 쓸 수 있는 자리로 단번에 나아갈 수 없다는 것을 깨달았습니다. 나는 우선 그 은사들을 주님께서 깨끗하게 하사 받으실 수 있도록 그리스도의 발 아래 두어야 했습니다. 나는 그 은사들을 올바르게 사용하는 데 전혀 무능하다는 것을 알아야 했습니다. 나는 그 은사들이 내게는 아주 위험한 것이 될 수도 있음을 알았습니다. 왜냐하면, 그것들을 통하여 육신의 옛 본성인 자아가 쉽게 그 힘을 휘두르려고 할 것이기 때문입니다. 나는 나의 무지를 뉘우치고 그 은사들을 모조리 주 앞에 내놓고 포기해야 했습니다. 주님께서 그 은사들을 받으시고 거기에 인을 치신 후에 다시 돌려받아야 했습니다. 그리고 주님의 것으로서 그 은사를 올바르게 사용할 수 있도록 해주시기를 기다리며 주님의 역사로만 그것들이 사용되어질 수 있도록 해야 했습니다.

온전한 헌신은 충만한 구원에 이르는 길이라는 사실을 체험을 통하여 깨달았습니다. 이같이 포기한 것들은 다시 우리

것이 되어 두 배로 되돌려받습니다. 모든 것을 버린 후에는 모든 것을 받는 결과가 따르게 됩니다. 우리는 모든 것을 버리고 주님을 따름으로써 그리스도 안에 더욱 풍성히 거하는 것입니다. 내가 주를 위하여 모든 것을 잃어버린 것으로 간주했을 때 나는 주님 안에서 발견되는 것입니다.

우리가 하나님께 맡긴 모든 소유와 기회들에게도 똑같은 원리가 적용됩니다. 이것은 마치 갈릴리 바다에 던진 그물 같고 예수님의 제자 중 한 사람의 집이 있는 베다니의 마르다가 집안 일을 돌보는 의무와 같은 것입니다. 예수님께서는 그들에게 자기를 위하여 실제로 모든 것을 버리라고 가르치셨습니다. 그것은 엉뚱한 명령이 아니며 단지 그분의 은혜의 나라의 본질적인 법을 적용시킨 것에 불과합니다. 즉 옛 것들을 완전히 버릴수록 새로운 것들을 소유할 수 있으며 내부까지 온통 새롭게 할 수가 있는 것입니다.

이 원리를 보다 더 깊이 적용해볼 필요가 있습니다.

우리 안에서 역사하시는 성령의 영적 은사들은 이렇게 자신을 포기하거나 헌신하지 않고도 받을 수가 있겠습니까?

결코 그렇지 않습니다. 취할 것은 취하고 포기할 것은 포기하는 상호 교환작용은 생활의 과정이며 한 순간도 끊어져서는 안됩니다. 신자가 그의 소유를 즐기기 시작하자마자 새로운 은혜가 흘러 들어오는 일에 방해를 받게 되며 정체될 위험이 있는 것입니다. 생수는 오직 비어있고 목이 마른 심령 속에 흘러들어오는 것입니다. 항상 갈급한 마음을 갖는 것은 영원히 목마르지 않게 되는 비결입니다. 하나님으로부터 선물로 받은 복된 체험은 즉시 사랑, 찬양, 자기 희생, 봉사로써 주신 분에게 되돌려야 하며 그렇게 함으로써만이 그것들은 우리들에게 하늘의 아름답고 싱싱한 꽃을 다시 피우게 하는 것입니다.

모리아 산에서 바쳐졌던 이삭에 관한 사건이 가르치는 교훈이 바로 이것이 아닙니까?

이삭은 죽은 자를 살리시는 전능하신 하나님의 놀라운 선물이며 하나님이 주신 생명 즉 약속의 아들이 아니었습니까?(롬 4:17).

그러나 그가 제물로 바쳐지기 위하여 자신을 포기했을 때 아버지의 독생하신 성자를 예표하는 몇 천배 더 귀한 축복으로 되돌려받았던 것입니다. 그 독생자는 하나님이 부활의 능력으로 다시 살릴 때까지 그의 흠없고 거룩한 생명을 포기함으로써 그의 백성들이 그 능력에 동참할 수 있도록 한 것입니다. 이것은 또한 믿는 자 각자가 현재의 은혜나 과거의 체험에 만족하는 대신 뒤에 있는 모든 것을 포기하고 앞으로 나아가 그리스도의 생명을 가능한 한 충만히 붙들려는 생활 태도를 예표하기도 하는 것입니다.

그리스도를 위하여 이와 같이 모든 것을 버린 것은 한 순간의 체험과 행위의 과정입니까, 아니면 매일매일 새롭게 전진함으로 그 목표에 도달하려는 과정입니까?

그것은 양쪽 모두입니다. 신자의 생활 가운데는 이 복된 진리에 대해 처음 눈을 뜨게 되거나 혹은 보다 더 깊은 통찰력을 갖게 되는 때가 있습니다. 또 하나님의 능력을 받는 날에 그분의 뜻을 따라 전생활을 모아 자신을 받으시기에 합당한 산 제사로 드리는 것입니다. 이와 같은 결단의 순간에 실패하고 방황하는 생활로부터 하나님의 능력 안에 거하는 축복된 변화가 따르기도 합니다. 그러나 그때에도 매일의 생활은 마치 이러한 체험이 없는 사람의 생활과 같이 전적인 헌신을 다짐해야 합니다. 또 하나님께서 그가 가진 모든 것을 항상 새롭게 바쳐드리는 것이 무엇을 의미하는지를 보다 더 분명하게 깨닫도록 끊임없이 기도하는 생활을 해야 합니다.

성도들이여! 그리스도 안에 거하기를 원하십니까?

여기에 축복된 길이 있습니다. 우리의 본성은 자기 부인과 십자가를 싫어하며 그것들을 우리 생활 전반에 걸쳐 적용하는 일에 거부감을 느낍니다. 그러나 우리의 본성이 좋아하지도 않고 행할 수도 없는 것을 은혜로 이루면 생명의 영광과 기쁨을 누릴 것입니다. 오직 주 그리스도께 여러분 자신을 드려서 그 임재의 능력으로 여러분의 옛 성품을 모조리 내어쫓는 승리와 기쁨의 체험을 누리십시오.

"이생에서 백배로 받고"라는 주님의 말씀은 마음을 다하여 충성하고 주의 명령을 따르기 위하여 모든 것을 버리는 자들에게 적용되는 것입니다. 축복으로 받은 것 또한 가장 복된 것을 낳게 합니다. 주 안에서 밀접하게 거하는 생활의 비결은 요컨대 다음과 같은 데서 찾을 수 있을 것입니다.

내가 자신을 그리스도께 온전히 드렸을 때
나는 주님을 온통 내 것으로 삼을 능력을 받았네
내가 나 자신과 주님을 위하여 내가 가진 모든 것을
버렸을 때 주님은 나를 온전히 받으시고 자신을 온전히
나에게 내어주시네

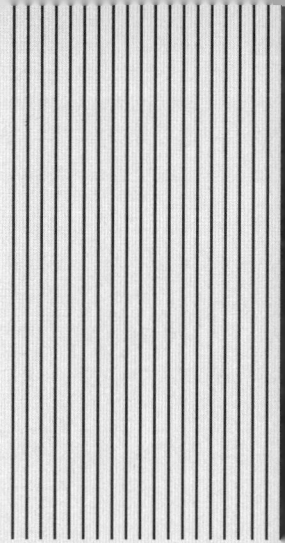

제17장 성령을 통하여

너희는 주께 받은 바 기름부음이 너희 안에 거하나니
아무도 너희를 가르칠 필요가 없고 오직 그의 기름부음이
모든 것을 너희에게 가르치며 또 참되고 거짓이 없으니
너희를 가르치신 그대로 주 안에 거하라 요일 2:27

항상 그리스도 안에 거하는 것은 생각만 해도 얼마나 아름다운지 사모할 만한 것입니다. 그러나 "내 안에 거하라"는 귀한 말씀을 듣고 한숨짓는 초신자들이 얼마나 많습니까?
그들은 그 말씀이 진정으로 의미하는 바가 무엇인지를 충분히 알지 못하며, 이러한 기쁨을 마음껏 누릴 수 있는 방법을 모르기 때문입니다. 그들은 그 말씀의 뜻을 보다 분명히 해주며 그 자신도 주님 안에 거하는 삶을 살 수 있다는 것을 들려주고 상기시켜 줄 사람을 기다리는 것입니다.
그런데 그들이 오늘 사도 요한이 본문에서 한 말씀을 듣는다면 얼마나 큰 기쁨과 소망이 되겠습니까?
그 말씀은 우리에게 모든 것을 가르치시고 또 그리스도 안에 거하는 법을 가르치시는 성령님의 기름부음을 받았다는 거룩한 확신을 줍니다.

슬프게도 어떤 사람들은 이 말씀이 위로를 주지 못하고 오히려 더욱 낙심하게 만든다고 합니다. 왜냐하면, 그 말씀이 잘 알지 못하는 또 하나의 특권을 누릴 수 있음을 말해주기 때문입니다. 그는 성령의 가르침과 음성을 어떻게 분별해야 하는지를 이해하지 못합니다. 그 교사(성령)를 그토록 잘 모른다면 주 안에 거하는 데 대한 성령의 가르침과 약속들이 신자에게 큰 도움을 주지 못할 것은 당연합니다. 이와 같은 현상은 신자들에게서 아주 흔히 볼 수 있는 잘못으로부터 나오는 것입니다. 그들은 성령님이 먼저 그들의 지성에 신령한 생활의 신비를 보여주어야 하며 그 후에야 그것을 체험할 수 있다고 생각합니다.

그러나 하나님의 방법은 이와는 정반대입니다. 모든 신령한 진리에 적용되는 원리는 그리스도 안에 거하는 일에도 마찬가지로 적용되는 것입니다. 그 원리란 진리를 알고 난 후에 그것을 체험하고 그대로 살아가는 것이 아니라 진리를 알기 위하여 체험해야 하고 그대로 살아야 한다는 것입니다.

예수님과의 생명의 교제는 하늘나라의 이치를 가르쳐 주는 유일한 학교입니다. "내가 행하는 것을 지금은 네가 알지 못하나 후에는 알리라"는 것이 하늘나라의 법칙이며, 매일 성결하게 하며 자신을 지키라는 말씀에 그대로 적용되는 법칙입니다. 이해되지 않더라도 받아들이며, 여러분이 알 수 없는 것에 항복하며 이성으로 보기에는 신비로 보이는 일을 기대하고 받아들이십시오. 여러분이 알지 못하는 길로 행하십시오. 이러한 것들이 하나님의 학교에서 처음 배우는 교훈들입니다.

"너희가 나의 말에 거하면 진리를 알게 되리라"는 말씀과 다른 여러 말씀 속에서도 우리의 이해를 넘어서는 곳에 생명과 진리의 법이 있음을 배웁니다. 참된 제자의 길은, 먼저 따르고 그 후에 주를 알게 되는 것입니다. 믿음으로 그리스도께 헌신하며 그분의 말씀에 순종하여 거의 불가능하게 보이는 것을 기대함으로써 주님을 아는 충만한 지식의 자리로 나아가는 것입니다.

이러한 원리들은 성령님의 가르침에 있어서 특히 잘 나타나고 있습니다. 즉 성령님께서는 하나님께서 우리를 위해 예비해 주신 곳으로 우리 안에서 신령한 생활로 인도하시지만 우리가 그것이 무엇이며 어떻게 해야 인도함을 받는지를 항상 아는 것은 아닙니다. 우리는 그저 따르는 것입니다. 하나님의 약속의 능력을 믿고 주님의 신실하심을 신뢰함으로 신자들은 자신을 성령님의 인도하심에 맡깁니다. 우선 주님께서 무엇을 어떻게 하시려는지 모두 알려 하지 않고 주께서 심령 속에서 역사하시도록 하여 나중에야 주님께서 어떤 결과를 주시는지 알게 되는 것입니다.

믿음이란 보이지 않는 우리 생활 내면의 깊은 곳에서 성령님이 역사하시는 것을 신뢰하는 것입니다. 그래서 믿는 자들에게 있어서 그리스도의 말씀과 성령의 은사는 그들이 그리스도 안에 거하도록 성령님의 가르침을 받을 것이라는 충분한 보증이 되는 것입니다. 믿음으로 자신이 아직 보지 못하고 느끼지 못하는 것을 즐거워하는 것입니다. 그는 내주하시는 성령님께서 조용하지만 확실하게 그분의 역사를 이루어 끊임없는 교제와 온전히 주 안에 거하는 생활 속으로 인도하실 것을 알며 확신하는 것입니다.

성령님은 예수 그리스도 안에 있는 생명의 영이십니다. 그분의 사역은 호흡하게 하는 것뿐만 아니라 항상 양육하고 강건하게 하여 우리 안에 온전한 새 사람을 이루게 하는 것입니다. 그리고 신자에게 보이지는 않지만 자기 안에서 역사하시는 아주 확실한 성령의 법칙들에게 자신을 맡기는 정도에 따라서 그만큼씩만 깨닫도록 그의 믿음 위에 지식을 더해 주십니다. 또 그러한 성도는 생활 속에서 성령님의 조명을 통하여 성령의 능력으로 이미 이루어진 것이 무엇인지를 보여주시는 보답을 받게 될 것입니다.

이제 이 사실을 그리스도 안에 거하도록 우리를 가르치시는 성령님의 약속에 적용시켜 봅시다. 성령님은 참으로 전능하신 하나님의 능력입니다. 성령님은 그리스도의 마음에서부터 우리에게 오시는 분이며, 그리스도의 생활을 증거하시는 자이며, 우리 안에서 그리스도 자신을 나타내시고 그분과 교제하게 하시는 분입니다. "성령님과의 교제"라는 표현 속에서 우리는 성령님의 최고 사역이 무엇인지 배울 수 있습니다. 성령님은 성부와 성자 사이에 교제를 맺어주는 줄입니다. 성령님에 의하여 성부와 성자는 하나가 되는 것입니다. 모든 신자들은 성령에 의하여 하나로 맺어지는 것입니다. 무엇보다도 그는 그리스도와 성도들의 교제를 맺어주는 줄입니다.

성령님은 포도나무와 가지가 실제로 살아있는 한몸으로 자라게 하는 생명의 수액입니다. 성령에 의하여 우리는 한 몸이 됩니다. 주님의 임재와 사역을 믿고 성령님을 근심하게 하지만 않는다면 우리는 이 사실을 확인할 수 있습니다. 성령으로 충만함을 받기를 기다리면서 기도하면 그가 우리 안에 계신 것을 알게 되고 성령님은 우리가 어떻게 주님 안에 거할 것인지를 가르쳐 주실 것입니다.

우선 우리의 의지를 주장하셔서 전심으로 그리스도께 매달리도록 인도하시며, 그 후에 보다 큰 확신과 기대로 믿음을 강하게 해주시며, 우리의 마음속에 측량할 수 없는 평안과 기쁨을 불어 넣으십니다. 우리는 어떻게 해야 할지를 모르지만 성령님께서 우리가 주님 안에 거하도록 가르치십니다. 성령은 우리에게 진리를 알게 하시는데 생각만을 통해서가 아니라 생활을 통하여 그 진리가 마음에 와닿아 깨닫게 하십니다. 그리스도 예수 안에 있는 진리를 알게 하시며 성령께서 이미 생활 속에서 실천하게 하신 마음의 빛을 보게 하십니다.

> 이 생명은 사람들의 빛이라 요 1:4

이와 같은 가르침에 비추어 볼 때 주님 안에 거하도록 인도하시는 성령님의 가르침에 우리를 맡기기를 원한다면 무엇보다도 안식의 믿음이 필요합니다. 그리스도 안에 거하려는 노력과 연관되어 생기는 문제와 난점들을 해결하고 도우심을 받기를 원한다면 "주님 안에 거하도록 우리를 가르치시는 성령님의 기름부음을 받았다"는 복된 확신을 굳게 붙잡으십시오. 무지와 절망과 실패할지도 모른다는 생각으로 괴로운 가운데서도 이러한 확신은 큰 위로와 힘을 줄 것입니다. 주님으로부터 기름부음받은 성령님은 여러분 안에 아직도 살아계십니다.

> "너희는 주께 받은 바 기름부음이 너희 안에 거하나니 그의 기름부음이 모든 것을 너희에게 가르치며 또 참되고 거짓이 없으니 너희를 가르치신 그대로 주 안에 거하라."

주 안에 거하는 것은 여러분의 믿음을 실천할 것을 요구하는데 위의 말씀의 가르침과 어떻게 관련시켜 생각할 수가 있겠습니까?

그리스도 안에서 여러분이 확실히 하나의 지체인 것을 믿는 것처럼 주의 성령을 모시고 있음을 믿으십시오. 여러분이 방해하지만 않는다면 주님께서 그분의 능력으로 그분의 일을 하실 것을 믿으십시오. 여러분이 모르는 순간에도 그분이 일하신다는 사실을 믿으십시오. 여러분이 아버지에게 간구하면 그분이 능력으로 역사하실 것을 믿으십시오. 성령의 충만함을 받지 않고서는 주님 안에 온전히 거하는 생활은 불가능합니다. 참으로 일용할 성령의 충만함을 받아야 하는 것을 믿어야 합니다. 하나님과 어린양의 보좌 앞에서 생명수가 넘쳐흐르는 곳에서 살도록 무시로 기도하고 확신해야 합니다.

여러분이 성령의 충만함을 받을 수 있는 곳은 그 보좌의 발등상뿐입니다. 주님께서 그분의 역사를 날마다 여러분 안에서 이루시고 계신다는 확신 속에서 주님을 높이면서 섬기는 습관을 가지십시오. 주님의 내주하심을 믿는다면 성령을 근심되게 하는 일은 하지 않을 것이며, 세상의 일이나 육신의 행동이나 자기의 유익을 위해서만 하지 않을 것입니다. 그 믿음은 말씀 안에서와 성령과 그 능력이 말해주는 모든 것으로부터 양분을 받아 자라나야 합니다. 무엇보다도 내주하시는 성령님을 믿는 믿음이 여러분이 예수님을 바라보도록 인도할 것입니다.

우리가 주님으로부터 기름부음을 받은 후에는 우리의 마음이 성령에게만 사로잡혀서 그로부터 흘러나오는 강한 샘물의 줄기를 보게 됩니다. 그리스도는 기름부음을 받은 자입니다. 우리가 그분을 바라보면 거룩한 기름부음을 받게 되는데 이것은 "아론의 옷자락에 흘러내리는 그의 머리에 부은 귀중한 기름"입니다. 우리는 예수를 믿는 믿음에 의해서 기름부음을 받는 것입니다. 이 기름부음은 예수께로 인도하며 주님 안에만 거하도록 합니다.

믿는 자들이여! 그리스도 안에 즉 그 성령의 능력 안에 거하십시오.

주님 안에 보다 더 오래 거하는 것이 짐스럽거나 두렵게 생각되십니까?

결코 그렇지가 않습니다. 우리의 위로자가 되시는 자비하신 주님을 알고 그분의 인도하심에 어떻게 우리 자신을 전폭적으로 맡기는지를 안다면 우리는 그리스도 안에 거하도록 보증해 주시는 교사를 모셨다는 하나님의 위로를 체험하게 될 것입니다. 성령님은 그리스도 안에 있는 생명과 영광스러운 구속이 그 신적인 능력과 더불어 우리에게 전달되고 교제케 하기 위한 한 가지 목적을 위하여 오신 것입니다. 성령님을 소유함으로써 살아계신 그리스도가 그분의 모든 구원의 능력과 죄를 온전히 이기신 능력으로 우리 안에 항상 계시도록 할 수가 있습니다.

이와 같이 그는 우리의 보혜사가 되시는 것입니다. 우리가 보혜사를 모셨다면 그리스도가 승천하셔서 더 이상 우리 곁에 계시지 않아도 슬퍼해야 할 필요는 없는 것입니다. 하나님의 영을 마음속에 모시고 그의 가르침과 인도함을 받으십시오. 또 그가 우리 안에서 역사하신다는 사실을 확실한 것으로 받아들이며 이 사실을 기억하면서 말씀을 자주 읽고 묵상하고 기도하십시오.

우리가 주님 안에서 가지는 소원이 이루어지리라는 확신을 가지십시오. 성령님은 항상 우리의 부패한 본성과 그 불신앙에 구애받지 않으시는 신비한 방법으로 역사하고 계시기 때문입니다.

제18장 내 영혼아 잠잠하라

너희가 돌이켜 안연히 처하여야 구원을 얻을 것이요
잠잠하고 신뢰하여야 힘을 얻을 것이어늘 사 30:15

여호와 앞에 잠잠하고 참아 기다리라 시 37:7

나의 영혼이 잠잠히 하나님만 바람이여 시 62:1

그리스도인의 생활을 하나님과 인간이 각각 서로 자신의 역할을 해야 하는 일종의 협력관계로 파악하려는 견해도 있습니다. 물론 그러한 견해를 가진 사람도 인간이 할 수 있는 일은 거의 없고 그것마저도 죄로 더럽혀졌음을 인정합니다. 그럼에도 불구하고 인간은 그의 최선을 다해야 하고 그 연후에야 하나님께서 그분의 역할을 하시기를 기대해야 한다는 것입니다. 이렇게 생각하는 사람들은 성경이 "너희는 가만히 서서 아무것도 하지 말고 평안히 있으면서 하나님의 구원을 보기를 기다리라"고 말하는 것이 무슨 의미인지 이해하기가 대단히 어려울 것입니다.

인간이 조용하게 멈추어서 모든 노력을 중지하는 것이 그의 능력을 발휘하는 최고도의 활동을 할 수 있는 비결이라고 한다면 그들에게는 완벽한 모순처럼 들릴 것입니다. 그러나 이것은 바로 성경이 가르치는 바입니다. 외관상 명백한 신비와 모순으로 보이는 이 사실은 다음과 같이 설명해 볼 수 있습니다. 즉 하나님과 인간이 함께 사역하는 것이라 해도 그것이 반드시 두 당사자가 한 가지 목표를 위해서 각각 그들의 몫을 수행하는 동반과 협력의 관계라고 생각해야 할 필요는 없습니다. 그 관계는 아주 다른 것입니다.

오히려 종속관계에 기초해 있는 협력이라고 하는 것이 보다 사실에 가까운 개념입니다. 마치 예수님이 그분의 모든 말씀이나 사역에서 전적으로 아버지께 의존했던 것처럼 신자들도 자기 혼자서는 아무것도 할 수 없습니다. 신자 스스로 혼자 할 수 있는 일이란 고작 죄짓는 일뿐입니다. 그러므로 그 자신만의 행위에서부터 전적으로 벗어나 그 안에서 역사하시는 하나님의 일을 기다려야 합니다. 스스로의 노력을 그만둘 때 하나님이 하고자 하시는 일을 하신다는 것과 그 안에서 하나님이 역사하신다는 사실을 믿음으로 확신하게 됩니다. 하나님께서는 새롭게 하시며 성화시키시며, 인간의 모든 능력을 최고도로 발휘하게 하시는 것입니다.

그래서 인간은 자신을 얼마나 진실되게 하나님의 손에 수동적인 도구로서 맡기느냐 하는 정도에 따라서 전능하신 능력의 능동적인 도구로서 쓰임을 받게 되는 것입니다. 완전한 수동성과 최고의 활동성(능동성)의 놀라운 조화가 아주 완벽하게 이루어지는 심령은 그리스도인의 생활이 무엇인지를 깊이 체험하게 되는 것입니다.

그리스도 안에 거하는 축복된 방법을 연구하는 자들이 배워야 할 교훈 가운데 우리 심령이 고요하게 기다려야 한다는 사실보다 더 유익하고 필요한 것은 없습니다. 거기에서만 주께서 그분 안에 거하는 비결을 계시하시는 성령의 가르침을 올바로 적용할 수가 있습니다. 그 비결은 온유인데 주님은 온유한 자에게 자신의 길을 보여주십니다. 성령님은 세 사람의 마리아에게 그 사실을 훌륭하게 나타내 주셨습니다. 예수님의 모친 마리아가 지금껏 인간에게 주어진 것 가운데 지극히 놀라운 계시를 받고 대답한 말은 다음과 같습니다.

"주의 계집종이오니 말씀대로 내게 이루어지이다."

그리고 놀라운 일들이 그녀의 주변에 계속 일어났지만 "마리아는 이 모든 말을 마음에 지키어 생각하느라"고 기록되어 있습니다. 그리고 예수님의 발 앞에 앉아 그의 말씀을 듣던 마리아와 주님의 장사를 위하여 그분께 기름을 부음으로, 사랑받던 다른 제자들보다 마리아가 얼마나 더 주님의 죽으심의 신비에 깊이 참여할 수 있었던가를 보여주십니다. 이러한 사건에서 성령님의 계시는 역사를 가르치십니다.

그 예는 바리새인의 집에서 의미심장한 눈물을 흘리면서 주님을 찾았던 마리아에게서도 볼 수 있습니다. 예수님을 알고 주님이 베푸시는 축복을 굳게 붙잡기 위해 가장 잘 준비된 마음의 자세는 하나님을 향하여 고요히 기다리는 심령 속에서 찾아볼 수 있습니다. 우리 심령이 고요한 중에서 두려움으로 침묵하며 자신을 계시하는 거룩하신 자의 임재 앞에 경배할 때에 우리는 성령님의 고요하게 속삭이는 복된 음성을 들을 수 있습니다.

그러므로 사랑하는 그리스도인들이여! 여러분이 그리스도 안에 거하는 축복된 신비를 보다 잘 이해하려고 할 때마다 먼저 "내 영혼아! 하나님을 향하여 오직 잠잠할지어다"라는 말씀을 마음에 두고 생각하십시오.

여러분은 진실로 하늘에 계시는 포도나무와 놀라운 연합을 이루기를 원하십니까?

그렇다면 육신과 혈통으로는 그 방법을 계시받을 수 없고 오직 하늘에 계신 아버지께서만 알게 하실 수 있음을 깨달으십시오.

"네 자신의 지혜를 버리라."

오직 머리 숙여 겸손히 자신의 무지와 무능력을 고백해야 합니다. 성부께서는 여러분에게 성령님의 가르침을 베푸시는 것을 기뻐하실 것입니다. 여러분의 귀가 열려있고 생각을 하나님께 복종시키고 여러분의 마음이 고요한 하나님을 기다리고 말씀하시는 것을 들으려고 한다면 하나님께서는 그분의 비밀을 여러분에게 계시해 주십니다. 하나님께서 계시해 주실 첫 비밀 가운데 한 가지는 진리에 대한 보다 깊은 통찰력으로, 여러분은 그 앞에서 낮아지고 무력하며 아무것도 아닌 존재임을 알게 될 것입니다.

그래서 여러분의 심령이 고요하고 차분한 중에 전에는 하나님의 사랑에 대해 여러분 자신의 생각과 노력의 어수선함 가운데서는 듣지 못했던 아주 미세한 속삭임까지도 들으려고 할 것입니다. 또 하나님께서 약속하신 것을 믿고 그 말씀을 듣고 청종하는 것이 얼마나 중요한 일인가를 배우게 될 것입니다. 또한, 하나님이 하시는 일을 알고 기다리며, 믿음으로 순종하고 경배함으로 여러분 안에서 능력있게 역사하시는 그분에게 자신을 맡기는 것이 얼마나 중요한 일인지를 깨닫게 됩니다. 우리는 편안하고 조용히 앉아있고 하나님께서 우리 안에서 우리를 위해 일하시니 이보다 더 반갑고 환영할 만한 소식이 또 어디 있겠는가라고 생각할 것입니다.

그러나 실제로 우리는 거기에서 얼마나 거리가 멀게 행동하고 있는지 모릅니다.

조용하게 기다리는 것이 얼마나 축복된 것이며, 자기 자신의 것에서 떠나는 것이 얼마나 큰 능력을 얻는 길이고 최고도의 활동을 할 수 있는 원천이 되는 것입니까?

그리스도 안에 거하는 이같은 참 비결을 배우는 데 그렇게도 많은 시간이 걸리겠습니까?

이제 그것을 배우도록 합시다. 그리고 무엇이 방해요소가 되는지 살펴봅시다. 심령의 평안을 위협하는 요소는 매우 많습니다. 세상적 이익에 너무 깊이 관심을 갖고 관여하는 것은 우리의 심령을 흐트러지게 합니다. 우리 각자는 모두 하나님으로부터 받은 소명이 있습니다. 그리고 우리의 의무는 하나님이 친히 정해주신 범위 안에서 우리들의 일과 주변에 관심을 갖는 것입니다.

그러나 여기에서도 그리스도인은 경성하고 정신을 차려야 할 필요가 있습니다. 하나님께서 부과하신 일이라고 판단하는데에도 반드시 거룩한 분별력이 필요합니다. 그리스도 안에 거하는 일이 진정 우리의 첫째가는 목표라면 모든 불필요한 소란과 법석대는 일들을 과감히 지양해야 합니다. 또한, 합법적이고 필요한 일들이라도 이것이 우리의 심령을 온통 사로잡아 하나님과의 교제에 대한 열망과 능력이 방해받는 일이 없도록 항상 주의를 게을리하지 마십시오.

그리고 세상 일에 대한 걱정과 근심에서 오는 불안과 염려가 있습니다. 이것들은 신뢰하는 생활을 좀먹으며 우리의 심령을 풍랑이는 바다처럼 산란하게 만듭니다. 풍랑이 이는 바다처럼 산란한 심령을 가지고는 거룩한 보혜사의 잔잔하고 다정히 속삭이는 음성을 들을 수가 없습니다. 신령한 일에 있어서는 불신과 두려워하는 마음도 모두 해롭습니다. 염려하고 초조해 한다고 해서 반드시 하나님이 말씀하시는 것을 들을 수 있는 것은 아닙니다.

무엇보다도 자신의 방법을 추구하려는 데서 불안이 오며 오직 하늘로서 내리는 영적인 축복을 우리 자신들의 힘으로 얻으려고 하는 데서 불안이 싹트게 됩니다. 자신의 계획으로 가득 차 있으며 하나님의 뜻을 행하는 데 있어서 자신의 노력만으로 예수님 안에 거하는 축복을 얻으려는 심령은 끊임없이 실패할 수밖에 없습니다. 하나님의 일은 우리의 개입으로 인하여 방해를 받습니다. 하나님은 우리 심령이 그 자신의 일을 그만둘 때에만 완전하게 역사하실 수 있습니다. 하나님을 경외하여 그분이 뜻을 가지고 역사하시도록 하는 심령 안에서만 하나님은 능력있게 자신의 역사를 이루십니다.

그리고 마지막으로 우리 심령이 믿음의 길로 들어서려고 할 때 하나님의 표준이 아니라 인간적 표준에 따라 생활을 판단하며 심령의 장성함을 측정하는 육신의 성급함을 조심해야 합니다. 이 모든 것들을 다루면서 고요히 기다릴 줄 아는 교훈을 배우고 "고요함과 확실함 속에서 힘을 얻으리라"는 하나님의 말씀을 들으며 간구할 때마다 멈추어서 심령이 영원한 존엄자의 임재를 느끼며 안정을 얻을 때까지 우선 잠시 기다리지 않고서는 감히 성경을 읽거나 기도를 시작하지 말아야 합니다.

하나님의 임재를 가깝게 느끼면서 자신을 다스릴 준비가 되었음을 느낀 다음에 그 마음의 자세를 가지고 지성소의 자리에 들어가 조용한 자기 헌신의 행위 가운데서 성령님의 가르치심과 역사에 그 자신을 맡기는 것입니다. 모든 것이 조용해지고 하나님의 임재와 그분의 뜻을 계시하심을 받아들일 준비가 될 때까지 고요한 중에 기다려야 하는 것입니다. 그때야 비로소 성경을 읽고 기도하는 것이 참으로 마음과 귀를 열고 하나님을 기다리는 것이 될 것이며 하나님이 말씀하시는 것만을 충만히 받아들이게 되는 것입니다.

그리스도 안에 거하십시오. 누구든지 매일 경건의 시간(Quiet Time)을 가지지 않은 채로, 또 하나님을 기다리면서 묵상하는 시간을 갖지도 않으면서 그리스도 안에 거할 수 있으리라고 생각해서는 안됩니다. 묵상하는 가운데 하나님을 기다리는 바람직한 습관이 심령에 배어야 하고 그래서 모든 이성을 초월하는 하나님의 평화로 마음을 지키면서 신자는 세상과 그 소용돌이 속으로 나가게 되는 것입니다.

믿음 생활에 깊이 뿌리를 박고 성령님이 베푸시는 복된 가르침을 받고 거룩하신 성부께서 그분의 영광스러운 역사를 이루시는 것도 바로 이 조용하고 평안한 심령 안에서 되는 일입니다. 매일 다음과 같이 고백할 수 있도록 합시다.

"내 영혼이 진실로 하나님을 향하여 잠잠하나이다."

그리고 이러한 과정 중에 여러 가지 장애를 느낄 때마다 오직 폭풍까지도 잠잠케 하시는 하나님의 임재를 바라보고 그분을 신뢰해야 합니다. 고요한 심령으로서 그리스도 안에 거하는 방법을 터득하십시오. 그리고 주님 안에 거하는 생활의 열매로서 우리 심령 속에서 매일 깊어지는 하늘의 평안함과 고요함을 기대하십시오.

제19장 환난과 시련

무릇 과실을 맺는 가지는 더 과실을 맺게 하려 하여
이를 깨끗게 하시느니라 요 15:2

식물계 전체에서도 포도나무처럼 인간과 하나님의 관계에 걸 맞는 식물을 찾아볼 수 없습니다. 우리를 살리고 권고하시는 성령님의 충만한 역사를 설명하는 데 포도나무의 열매와 즙을 예로 드는 것이 가장 적합합니다. 또한, 그 본성이 고약하여 그대로 방치해 두면 숲속으로 마구 뻗어가 결국에는 땔감으로 밖에 쓸 수 없는 식물은 포도나무밖에 없습니다. 또한, 포도나무처럼 자주 가지치기를 해주지 않으면 안되는 것도 없습니다. 그런데 포도나무처럼 손질을 많이 해주어야 하고 길을 잘 들여야 하는 식물도 없지만 일단 그렇게 해놓으면 포도나무처럼 풍성한 열매로 유익을 주는 것도 없습니다. 이 놀라운 비유에서 주님은 포도나무에 대한 가지치기의 필요성과 그 결과가 가져다 줄 축복을 한마디로 말씀하고 계십니다.

그러나 그 단 한마디는 그 말씀을 믿는 자들에게는 슬픔과 고난으로 가득 찬 이 세상에 쏟아내리는 커다란 한 줄기 빛이 됩니다. 시련을 당하면서 피를 흘리는 가지에게 얼마나 큰 위로와 귀한 교훈이 되는지 모릅니다.

> "무릇 과실을 맺는 가지는 더 과실을 맺게 하려 하여 이를 깨끗하게 하시느니라."

주님은 그분의 백성들이 시험과 환난을 만나 그들의 확신이 흔들릴 때에도 이와 같이 대책을 미리 마련하시며 그리스도 안에서 떠나지 않게 하십니다. 또 어려움 속에서도 그럴수록 더욱 가까이 주 안에 거하라고 부르시는 주의 사자들의 음성을 듣게 하십니다. 그렇습니다.

신자들이여! 환난 때에 더 가까이 그리스도 안에 거하십시오.

그리스도 안에 거하십시오!

이것이 하늘 아버지께서 시련을 주시는 진정한 목적입니다. 폭풍 가운데서 나무는 땅속에 뿌리를 더 깊이 박게 됩니다. 허리케인(서인도 제도 부근에서 부는 풍속 73~150마일의 계절적 폭풍—역자주) 속에서도 한 집에서 함께 거하는 가족들은 그 거처 안에서 즐거워하는 것입니다. 환난과 고통을 통하여 아버지께서는 우리를 그리스도의 사랑 안으로 더욱 깊이 인도하려는 것입니다.

우리 마음은 끊임없이 주님에게서 떠나 방황하기 쉽습니다. 쾌락과 세상적인 번영에 우리는 너무 쉽게 만족해 버리며 그것은 우리의 영적 감각을 무디게 하고 주님 자신과의 충만한 교제를 방해합니다. 그러나 아버지께서는 긍휼을 가지고 우리에게 찾아오시며 주변의 세상이 얼마나 어둡고 보잘것없는가를 보여주시고 우리의 죄악됨을 더욱 깊이 깨닫도록 인도하십니다. 주님은 말할 수 없는 그분의 자비로 그토록 위험한 데서 즐기고 있는 우리의 기쁨을 당분간 앗아가시는 것입니다. 아버지께서 그렇게 하시는 것은 우리가 환난을 당하여 그리스도 안에서 안식을 찾았을 때 우리의 유일한 분깃으로서 주님 안에 거하는 것을 택하기를 원하시기 때문입니다. 또 환난이 끝났을 때 우리가 주 안에서 보다 충만하게 장성함으로 평안하고 모든 일이 잘 될 때에도 주님만이 우리의 유일한 기쁨이 되기를 바라시기 때문입니다.

주님은 이것을 그 마음속에 너무도 간절히 바라시기에 우리를 괴롭히는 것을 참으로 원하시지 않지만, 그렇게 해서 사랑하는 그 자녀들이 주님 앞에 돌아오며 사랑하는 아들 안에 거하도록만 할 수만 있다면 아주 고통스러운 채찍도 아끼지 않으십니다.

그리스도인들이여! 크든 작든 환난을 당할 때마다 주 안에 거하라고 말씀하시면서 예수님을 제시해 주시는 아버지의 손가락을 볼 수 있도록 은혜를 간구하십시오.

그리스도 안에 거하십시오!

그렇게 함으로써 여러분은 환난 중에서도 하나님께서 여러분을 위해 마련하신 모든 풍성한 축복에 참여하는 자가 될 것입니다. 하나님의 지혜의 목적이 여러분에게 분명해지며 변함없는 하나님의 사랑에 대한 여러분의 확신은 보다 강해지고 성령의 능력 이 그 약속을 여러분 안에서 이루실 것입니다.

"그가 우리를 연단하심은 우리의 유익을 위함이요, 우리가 그의 거룩함에 참여하는 자가 되게 하려 함이니라."

그리스도 안에 거하십시오!

그러면 여러분의 십자가는 주님의 십자가와의 교제의 방편이 될 것이며, 여러분이 십자가의 신비에 더욱 가까이하도록 여러분을 위해 그분이 감당하신 저주의 신비를 알게 될 것입니다. 또 그리스도께서 여러분이 주님과 함께 죄에 대해 죽는 일과 사랑 많으신 대제사장으로서 여러분의 모든 슬픔을 체휼하시고자 이 땅에 오신 사랑을 알게 될 것입니다.

그리스도 안에 거하십시오!

그러면 주님의 고난에 순종하고 동참함으로 장성하게 될 것이며, 뜨거운 주님의 사랑을 실제로 깊이 체험하게 될 것입니다.

그리스도 안에 거하십시오!

이것은 다니엘의 친구들이 불타는 풀무 속에 던져졌을 때 인자 같은 이가 나타나서 동행한 것같이 찌꺼기를 정하게 하시며 금을 연단하여 순수하게 하심으로 여러분에게서 그리스도 자신의 형상이 비치도록 하실 것입니다.

그리스도 안에 거하십시오!

그러면 육신의 능력이 죽을 것이며, 옛 본성인 자기 고집과 성급함이 꺾일 것이며, 그리스도의 온순함과 온유함이 자리잡게 될 것입니다. 어떤 신자는 많은 환난을 통과하면서 보잘것없는 축복밖에 받지 못할는지 모릅니다. 그리스도 안에 거하는 것은 하늘 아버지께서 채찍을 통하여 우리에게 주시려고 의도하신 모든 것을 얻게 하는 비결이 됩니다.

그리스도 안에 거하십시오!

그러면 여러분은 주님 안에서 확실하고 풍성한 위로를 받을 것입니다. 때로 고난의 위로가 우선이며 고난의 유익이 두 번째일 때가 많습니다. 아버지는 우리를 사랑하심으로 우리가 실제로 그분 안에 거함으로 유익을 얻게 하는 것이 그분의 우선적인 목표이지만 우리를 위로하시는 것도 잊어버리시지 않으십니다. 그분의 위로는 피흘리는 가슴으로 하여금 그분 자신과의 교제를 통하여 복을 받게 하시고 그분이 위로하지 않으실 때에도 그분의 목적은 여전히 우리가 유익을 얻고 복받기를 바라는 것입니다. 즉 하나님께서 위로를 주시든지 안 주시든지 그분의 의도는 한결같은 것입니다.

그분의 거룩함에 참여하는 자가 됨으로써 우리는 하나님의 참된 위로를 발견하게 됩니다. 성령이 보혜사가 되시는 것은 그분이 하나님의 사랑의 위로를 말씀하실 뿐만 아니라 오히려 우리를 이끄시기 때문입니다. 성령님은 그리스도 안에 거하도록 우리를 가르치십니다. 그리고 하나님께서 거기 계시므로 진정한 위로가 있게 됩니다. 그리스도 안에서 아버지의 심정이 계시되었으므로 그 아버지의 품 안에서 안식하는 것보다 더 큰 위로는 없습니다.

모성애적인 자상한 연민을 곁들인 아버지로서의 하나님의 사랑이 충만하게 나타났으므로 이러한 위로가 또 어디 있겠습니까?

여러분은 아버지 안에서 여러분이 잃어버린 것들보다 몇천 배로 돌려받는 것을 알게 될 것입니다. 하나님께서 여러분이 그보다 몇 배 더 좋은 것을 받을 수 있는 그릇을 준비할 수 있도록 여러분에게서 다른 것들을 빼앗아 가신다는 것을 깨달으십시오. 주님 안에서 고난은 유익이 되고 영원한 영광을 미리 맛보는 일이 됩니다. 그 고난을 통하여 영광 가운데 계시는 하나님의 성령이 우리에게 찾아오십니다.

믿는 자여! 환난 중에도 위로를 갖고 있습니까?

그리스도 안에 거하십시오!

그러면 여러분은 많은 열매를 맺게 될 것입니다. 주인이 포도나무를 심을 때는 오직 그 열매를 얻기 원하기 때문입니다. 다른 나무는 조경을 위해, 혹은 그늘을 얻기 위해, 혹은 재목을 얻기 위해 심기도 하지만 포도나무는 오직 열매를 얻기 위해 심습니다. 그리고 각각의 포도나무에 대해 농부가 끊임없이 바라는 것은 어떻게 하면 보다 더 많은 열매를 맺게 할 수 있을까 하는 것입니다.

믿는 자여! 고통당할 때에 그리스도 안에 거하십시오. 그러면 여러분은 보다 많은 열매를 맺을 것입니다. 그리스도의 자비하심과 아버지의 사랑을 보다 깊이 체험하게 되면 여러분은 그분의 영광에 합당한 자로 살게 될 것입니다. 고난 가운데서 자아와 의지를 포기하고 맡기는 것은 다른 사람의 불행에 관심을 가질 수 있는 여유를 줄 것이며, 예수님처럼 채찍에 맞음으로 온유하게 되어 만인을 섬기기에 합당한 자로 될 것입니다. 열매를 바라시면서 가지를 치는 아버지의 소망을 생각할 때에 여러분은 이전보다 더욱 주님에게 자신을 복종시키게 될 것입니다. 그래서 이제는 동료들에게 하나님의 놀라운 사랑을 전하고 알리는 것이 생의 유일한 목표라고 말할 수 있게 될 것입니다. 자아를 잊는 복된 비결을 배우게 될 것이며 고통 중에서라도 여러분 자신이 일상생활의 잡다한 일에서 떠나서 다른 사람들의 행복을 위해 간구할 수 있게 될 것입니다.

그리스도인이여! 고통 중에도 그리스도 안에 거하십시오. 고난이 닥쳐올 때에 그리스도 안에서 그것을 맞이하십시오.

고난이 닥칠 때에 여러분은 그전보다 더욱 그리스도 안에 있게 됨을 깨달으십시오. 왜냐하면, 고난의 때에 주께서 여러분에게 그 어느 때보다도 가까이 오시기 때문입니다. 고통이 지나면 주 안에서 더욱 굳게 서게 됩니다. 그리고 주님이 가지를 치시면서 갖는 오직 한 가지 생각과 소망을 또한 여러분 자신의 것이 되게 하십시오.

> 무릇 과실을 많이 맺는 가지는 더 과실을 맺게 하려 하여 이를 깨끗하게 하시느니라 요 15:2

그러므로 여러분이 고난을 받을 때에는 열매를 가장 많이 맺기 위해 준비하는 때이며 가장 좋은 축복의 시간이 되는 것입니다. 하나님의 아들과 보다 친밀한 교제를 하게 되어 그분의 사랑과 은혜를 더욱 깊이 체험하게 되고 주님과 온전히 서로 하나되었다는 확신에 굳게 서게 되면 주님과 더불어 더욱 만족을 누리고 자신을 주님에게 더욱 전적으로 맡길 수 있게 됩니다. 여러분의 마음이 하나님의 뜻과 보다 일치된 조화를 이룬다면 여러분 자신의 뜻을 십자가에 못박음으로 주님이 사용하시기에 합당한 깨끗한 그릇이 되고 모든 선한 사업에 쓰임받을 준비가 된 것입니다.

진실한 신자들이여! 고난 가운데서도 여러분이 먼저 해야 할 유일한 일은 그리스도 안에 거하는 것입니다. 우리가 부름받은 이 복된 진리를 배우도록 합시다.

주님과 단둘이서만 호젓한 시간을 많이 가지십시오. 때로 친구들이 가져다주는 위안과 기분전환에 조심하십시오. 오직 예수 그리스도 자신만을 여러분의 위로자와 왕으로 모시십시오. 주님과의 보다 밀접한 연합에 대한 확신 안에서 즐거워하며 그분을 통해 보다 풍성한 열매를 맺을 수 있는 것은 시련의 결과인 것을 확실히 깨달으십시오. 왜냐하면, 가지를 치는 자는 농부 자신이며, 그는 또 우리 심령에 기꺼이 주님의 사업에 헌신하려는 소망을 확실히 이루어주실 것이기 때문입니다.

제20장 과실을 많이 맺나니

나는 포도나무요 너희는 가지니 저가 내 안에
내가 저 안에 있으면 이 사람은 과실을 많이 맺나니
나를 떠나서는 너희가 아무것도 할 수 없음이라
너희가 과실을 많이 맺으면 내 아버지께서 영광을
받으실 것이요 요 15:5, 8

우리는 모두 열매가 무엇인지 잘 알고 있습니다. 그것은 인간이 먹고 양분을 취하고 힘을 얻게 되는 것으로 나뭇가지에서 나오는 산물인 것입니다. 그 열매는 가지를 위해 있는 것이 아니며 따먹으러 오는 사람을 위해 있는 것입니다. 열매가 익자마자 가지는 그것을 떨어뜨려서 열매의 효용을 나타내게 해주며 다음 계절에 맺을 열매를 위해 새롭게 준비합니다. 열매를 맺는 나무는 그 자신을 위해 살지 않고 전적으로 열매로부터 힘과 생명을 얻는 사람들을 위해 사는 것입니다. 그러므로 그 가지는 오로지 열매를 위해서만 존재하는 것입니다. 농부의 마음을 기쁘게 해주는 것이 가지가 존재하는 목적과 이유이며 영광인 것입니다.

그리스도 안에 거하는 성도들의 아름다운 모습이여!

그들은 점점 힘을 얻을 뿐만 아니라 포도나무와의 연합이 날로 확실해지고 튼튼해져서 많은 아름다운 열매를 맺는 것입니다. 그들은 자신이 먹고사는 열매를 다른 사람에게도 나눠주는 능력을 갖습니다. 성도는 그 주변의 모든 사람들에게 그들이 먹고 힘을 얻을 수 있는 생명나무가 되는 것입니다. 그는 단지 그리스도 안에 거한다는 이유만으로 그 주변에서 축복과 생명의 중심이 됩니다. 또 주님으로부터 성령을 받으며 다른 사람에게 나누어줄 수 있는 생명을 받습니다. 다른 사람을 축복하려면 이와 같이 그리스도 안에 거하기를 먼저 배우십시오. 여러분이 그분 안에 거한다면 다른 사람을 축복할 수 있을 것입니다.

좋은 포도나무의 가지가 틀림없이 열매를 맺듯이 그리스도 안에 거하는 심령은 틀림없이 그가 받은 충만한 축복으로 다른 사람에게도 복을 빌어줄 수 있는 것입니다. 그 이유를 곧 알 수 있습니다. 하늘나라의 포도나무이신 그리스도께서 신자들을 하나의 가지로 여기신다면 그 가지와 포도나무의 관계의 본질로 보아 그분은 가지가 열매를 맺을 수 있도록 기운과 수액과 양분을 공급해 주시겠다고 약속하는 것입니다.

"나에게서 너희 열매를 찾으리라."

이 말씀은 포도나무의 비유에서 새로운 의미를 발견하게 해줍니다. 우리 심령은 밀접하고 충만하게 주님 안에 거하는 한가지 일에만 전적인 관심을 가지면 되는 것입니다. 주님께서 열매를 주실 것이며 신자들이 복을 받는 데 필요한 모든 일을 하실 것입니다. 주님 안에 거하면 그로부터 죄인을 향한 연민과 사랑의 정신을 받게 되어 선을 추구하는 데 있어서 여러분은 다른 사람들의 본보기로 나타나는 것입니다.

본성적으로 우리 마음은 이기심으로 가득 차 있습니다. 심지어 신자들에게서조차도 그 자신의 구원과 행복이 그의 유일한 목적인 경우가 많습니다. 그러나 그리스도 안에서 여러분은 그분의 무한하신 사랑에 접하게 되고 그 사랑의 불꽃이 마음속에서 타오르게 될 것입니다. 그래서 여러분은 사랑의 아름다움을 보게 되고, 다른 사람을 사랑하고 봉사하고 구원하는 것을 예수님의 제자로서 갖는 최고의 특권으로 여기게 될 것입니다.

그리스도 안에 거함으로 여러분은 아직도 어둠 가운데서 헤매이는 죄인들의 비참함과 그들이 하나님을 공경하지 않는 것이 얼마나 두려운 일인지를 알게 됩니다. 여러분은 그리스도와 함께 자신의 죄짐뿐만 아니라 다른 영혼들의 짐도 감당하기 시작하게 됩니다. 여러분이 주님과 보다 가까이 연합하면 주님을 갈보리로 향하게 한, 영혼을 불쌍히 여기는 뜨거운 마음이 여러분 속에서 숨쉬기 시작합니다. 그래서 기꺼이 주님의 발자취를 따를 각오가 생기게 되며 자신의 천국 복락을 제쳐두고 여러분의 생활을 그리스도가 사랑하라고 가르친 다른 영혼들을 구원하는 데 헌신하게 됩니다. 포도나무의 정신은 다름 아닌 바로 그 사랑입니다. 그 사랑의 정신은 주님과 함께 거하는 가지에게서 넘쳐흐르게 됩니다.

처음에는 축복을 받고 싶은 소망밖에 없었지만 사역을 함에 따라 여러분은 곧 자신의 연약함과 여러 가지 가로놓인 난관들을 의식하게 됩니다. 여러분이 권한다고 해서 영혼들이 구원받게 되는 것은 아닙니다. 낙심하여 힘이 빠질 때에도 그리스도 안에 거함으로 여러분은 사역에 대한 새로운 용기와 힘을 얻게 됩니다. 그리스도가 가르친 것들을 믿고 여러분을 통해 세상에 축복을 베푸시는 이가 바로 주님이라는 사실을 믿으십시오. 그러면 자신이 그리스도의 숨겨진 능력이 역사하는 데 쓰임받는 연약한 기구에 불과함을 이해하게 되고, 주님의 능력이 여러분의 연약함 가운데서 온전해지고 영광스럽게 되는 것을 알게 될 것입니다.

신자가 자신의 연약함을 온전히 인정하고 주님 안에 거하면서 그것을 의식하는 것은 커다란 진보입니다. 그리하여 신자는 주님이 그를 통해 일하신다는 충만한 확신 속에서 충성을 다해 일하게 되는 것입니다. 그는 능력의 크심이 우리에게서 나오는 것이 아니라 하나님께로부터 말미암는다는 사실을 기뻐하는 것입니다. 주님과 하나됨을 깨달으면 더 이상 그 자신의 연약함을 생각하지 않을 것이며 자신의 내부에서 일어나는 주님의 숨은 역사를 의지하게 됩니다. 주님과 하나라는 은밀한 확신은 그의 목소리에 외유내강의 자신감을 주고 능력에 인내를 더해주며 그의 안목에 밝은 빛을 비춰줍니다.

　이러한 확신의 자세와 인내는 그 자체가 그가 구원하려는 자들에게 영향을 미치는 효과적인 방편이 됩니다. 그는 승리를 보장해 주시는 주님의 정신을 가지고 나아갑니다. 왜냐하면, 이것이 우리의 믿음을 정복하는 승리이기 때문입니다. 그는 하나님이 그의 보잘것없는 노력에 축복하시지 않을 것이라는 것을 더 이상 겸손이라고 생각하지 않습니다. 그는 축복을 요구하고 기대합니다. 왜냐하면, 사역하는 이는 그가 아니며 그리스도이시기 때문입니다.

　그리스도 안에 거하는 놀라운 신비는 우리는 아무것도 아니며, 주님이 모든 것 되신다는 깊은 확신 속에 있는 것입니다. 이러한 사실들을 알게 되면 우리의 연약함이 주님의 구속의 능력에 방해가 될 필요가 없음을 믿고 받아들이게 됩니다. 어린아이 같은 단순한 정신과 신뢰로 주님을 섬기기 위해 그리스도에게 전적으로 헌신한 사람은 틀림없이 많은 열매를 맺을 것입니다. 그는 주님의 놀라운 약속에 따라 담대하게 그의 몫을 주장하기도 합니다.

> 나를 믿는 자는 나의 하는 일을 저도 할 것이요 또한 이보다 큰 것도 하리니 이는 내가 아버지께로 감이니라 요 14:12

그는 축복을 소유할 수 없다거나 열매를 맺을 수 없다고 생각하는 것이 겸손이 아님을 깨닫습니다. 충분히 익은 열매가 달려있는 가지는 무겁게 아래로 고개를 숙이는 것을 압니다. 그리스도 안에 거하면서 포도나무와 가지 사이의 축복된 일치에 자신을 맡긴 자는 그 모든 열매들의 영광이 찬양받으시기에 합당한 아버지(농부)에게 돌려져야 함을 알 것입니다.

여기서 두 가지 교훈을 배우도록 합시다.

첫째, 우리가 예수님 안에 거한다면 이제 곧 일하기를 시작합시다. 매일의 생활 속에서 우선 우리 주변에 있는 사람들에게 영향을 미치도록 합시다. 우리들이 우리 동료 형제들을 향하여 예수님의 사랑의 사도로서 살라고 권면하는 거룩한 소명을 우리 자신이 분명하고 즐겁게 받아들입시다. 우리들의 매일의 생활이 예수께서 칭찬할 만한 것이 되도록 하는 데 목표를 두어야 합니다.

가지를 바라볼 때 여러분은 거기에서 곧 포도나무의 형상을 보게 됩니다. 우리들은 예수님의 거룩함과 온유하심이 우리 속에서 어딘가 밖으로 비치어 나오는 생활을 해야 합니다.

우리는 예수를 나타내기 위하여 살아야 합니다. 주님이 세상에 계실 동안에도 그러셨듯이 우리의 삶도 그 교훈의 길을 예비하는 것이 되어야 합니다. 오늘날 교회나 세상에 필요한 것이 이것입니다. 그리스도의 능력과 은혜의 살아있는 확신으로서 사랑과 성령의 충만함을 받은 남녀들이 주님을 증거하며 믿는 자들을 위하여 그의 능력을 증거하는 것입니다. 주님께서 찾으시는 심령들 속에서 예수님이 영광을 받으시기를 바라는 마음으로 그분의 능력을 증거하는 삶을 살며 그분이 직접 역사하실 수 있도록 우리 자신을 바칩시다.

우리 자신의 가정들 안에서도 사역이 필요합니다. 병자들, 가난한 자들, 버림받은 자들 가운데서도 사역이 필요합니다. 주님께 헌신하며 그분의 인도하심을 받는 자들을 통해 그리스도의 영은 여러 가지 방법으로 길을 열어주십니다. 다른 사람이 아직 손대지 않은 방법에서도 우리가 할 일을 찾을 수 있습니다. 그리스도 안에 거하면서 일하도록 합시다. 현 추세를 따르면서 어떤 종교적 사업에 참여하는 데서 만족하고 있는 자들처럼 일하지 맙시다. 그리스도를 더욱 닮아가는 자들처럼 일합시다. 그들은 주님 안에 거하면서 주님처럼 영혼을 구원하는 일을 땅에서 시작되는 하늘의 영광과 기쁨으로 생각하기 때문입니다.

둘째, 여러분이 사역하는 중에서도 그리스도 안에 거하라는 것입니다. 이것은 올바른 정신으로 행해진 사역이 얼마나 복된 것인가를 말해주는 하나의 교훈입니다. 그 교훈은 주님과 여러분의 복된 연합을 더욱 깊게 해줄 것입니다. 그 교훈은 연약함을 발견하게 하며 여러분을 주님의 능력에 의지하도록 해줄 것입니다. 그 교훈은 많은 기도를 하게 할 것입니다. 자기 자신을 잊어버리고 다른 사람을 위해 기도하는 시간 중에, 어느덧 우리의 심령은 그리스도께 더욱 가까이 성장해 가는 것입니다. 그것은 가지의 생명의 참된 본성을 더욱 분명하게 해줄 것입니다. 가지의 생명의 참된 본성이란 절대적인 의존성과 동시에 그 영광스러운 충족성 그리고 오직 예수께만 의존해 있음으로 인한 그 밖의 것들로부터의 독립성 등입니다.

여러분의 사역도 그리스도 안에 거하십시오. 거기에는 위험과 유혹들이 있습니다. 그리스도를 위한 사역이 때로 그리스도에게서부터 멀리 떨어진 것이 되기도 하고 주님과 교제하는 일을 대신해 버리기도 합니다. 때로는 사역에 능력은 없으면서도 경건의 모양만 갖출 수가 있습니다. 여러분 안에 역사하시는 그리스도의 살아있는 믿음이 모든 사역을 이루는 비결의 원천이 되도록 해야 합니다. 이 모든 사실들은 알고 보면 여러분을 겸손하게 하며 용기를 얻게 해주는 것입니다.

예수의 성령이 여러분 안에서 그의 자비하신 긍휼과 신적인 능력과 함께 거하도록 하십시오. 그리스도 안에 거함으로 모든 은사와 재능을 그에게 드려서 주님이 그것들을 성결하게 하시도록 하십시오. 여러분이 참으로 예수 그리스도께서 우리를 통해 사역하시기를 원한다면 매일 새롭게 우리 자신을 주님께 전적으로 헌신하는 것이 필요합니다.

이제 우리는 그리스도 안에 거하는 것이 무엇인지를 이해하게 되었습니다. 바로 이것 때문에 우리가 최고의 특권과 행복을 얻을 수 있는 것입니다. 많은 열매를 맺는 가지가 되는 것 - 그 이상도 아니고 그 이하도 아닌 - 바로 그것이 우리의 유일한 기쁨이 되기를 바랍니다.

제21장 기도의 능력을 얻으리니

너희가 내 안에 거하고 내 말이 너희 안에 거하면
무엇이든지 원하는 대로 구하라 그리하면 이루리라 요 15:7

기도는 그리스도와의 연합에서 오는 열매이기도 하며 또한 그 방편이 됩니다. 방편으로서의 기도는 말할 수 없이 중요합니다. 믿음의 모든 일들과 모든 소원의 간구, 보다 더 온전한 헌신을 위한 열망이 기도로 나타납니다. 죄와 부족에 대한 고백, 자신을 포기하고 그리스도에게 매달리는 심령의 노력들이 기도에서 언급됩니다. 그리스도 안에 거하는 삶을 묵상할 때마다 성경이 이 복된 생활에 관하여 가르치는 것을 이해할 수 있는 것입니다.

신자는 먼저 아버지를 바라보며 자신의 마음을 그분에게 쏟으며, 그분이 말씀 안에서 나타내주신 것을 온전히 소유하고 이해할 수 있도록 간구하는 것입니다. 신자란 그의 소망을 즉흥적으로 나타내는 데 만족하지 않으며 그가 보고 붙잡아 받을 때까지 조용히 기도하는 가운데 기다리는 것입니다. 그때에 비로소 그는 그리스도 안에서 강건하게 자랄 수 있는 것입니다. 처음에 아무리 미약하게 그리스도 안에 거할지라도 그 기도는 응답될 것이며 거기에서 보다 풍성하게 거할 수 있는 놀라운 방법을 찾게 됩니다.

주님께서 포도나무의 비유에서 능력을 말씀하심은, 주님 안에 거하는 생활의 방편으로서뿐만 아니라 그 열매로서 말씀하고 계시는 것입니다. 슬프게도 기도를 우리 자신의 축복을 얻기 위한 수단으로서 생각하는 사람이 있습니다. 그러나 주님은 오히려 기도를 기도의 영향력을 통해 우리 하나님의 동역자로서 그리스도의 구속의 축복을 세상에 널리 전파하는 주된 통로의 하나라고 가르치십니다.

주님은 그분 자신과 우리 앞에서 우리가 가지들로 지어진 목적이 하나님 나라를 확장하는 가운데서 하나님 아버지를 영광스럽게 하는 것으로 정해주셨습니다. 뿐만 아니라 그분 안에 거하기만 하면 우리가 이스라엘이 될 것이요, 하나님으로부터 능력을 얻고 사람에게 능력을 행할 수 있으리라고 확신시켜 주셨습니다. 우리들의 기도는 하늘에 상달되어 역사하는 능력이 있고, 경건치 않은 이스라엘을 위해 기도한 엘리야처럼 불붙는 의인의 기도가 되어야 합니다. 이와 같이 우리가 주님 안에 거하는 열매로서 기도해야 하며 기도는 또한 많은 열매를 맺는 방편이 되기도 합니다.

예수님 안에 온전히 거하지 못하는 그리스도인들에게는 때로 기도와 관련된 장애들이 너무 커서 그것이 기도생활이 가져다주는 능력과 위안을 앗아가 버립니다. 겸손을 핑계삼아 그는 이렇게 무가치한 자가 거룩하신 자에게 감히 영향을 줄 수 있을까 하고 자문합니다. 그는 겸손을 잘못 이해하고 있으며 참 겸손이 어디서 오는 것인지를 모르고 있습니다. 그는 하나님의 주권과 완전한 지혜와 사랑을 생각은 하지만 그의 기도가 어떻게 효과를 나타내는지를 알지 못하고 있는 것입니다. 그는 그 기도가 응답되리라는 확신과 믿음으로 기도하기보다는 기도 없이는 불안해져서 견딜 수 없기 때문에 기도하는 것입니다.

이러한 갈등과 문제 속에서 그리스도 안에 거하는 심령이 얻는 해방감은 얼마나 큰 축복입니까?

그는 그리스도와의 참된 영적 연합 안에서는 우리의 기도가 반드시 하나님께 상달되어 응답받음을 점점 깨닫게 됩니다. 하나님의 아들과의 연합은 생명의 연합입니다. 우리는 실제로 주님과 하나가 되었으므로 우리의 기도는 주님의 기도와 똑같이 하늘로 상달됩니다. 주님 안에 거함으로 우리가 원하는 것을 간구할 수가 있고 또 그 구하는 것을 응답받기 때문입니다.

이러한 기도의 생활이 없으면 결코 주님 안에 거하는 생활을 정상적으로 할 수 없습니다. 그리스도 안에 계셔서 우리 안에 그 말씀이 머물게 하시는 이가 하나님의 뜻에 합당한 기도를 하도록 가르치십니다. 그리스도 안에 거함으로 자기 의지는 억제되고 본성의 욕망과 생각들은 그리스도의 소원과 생각들에게 붙들린 바 되는 것입니다. 그리스도의 마음을 닮아감으로 우리의 모든 일과 소원들이 주님의 뜻과 조화를 이루게 됩니다.

헌신이 정말 전폭적이고 올바른 것인지를 점검하는 것도 모든 것을 아시는 성령님께 기도함으로 가능합니다. 우리 안에 거하시는 주님의 생명의 능력이 모든 것을 압도하여 일상적인 소망과 욕망까지 성결케 하는 영향력을 발휘하는 것입니다. 주님의 성령은 우리의 심신 속에 그 기운을 불어넣으사, 의식하지 못하는 사이에 우리의 소망이 하나님의 뜻과 일치하게 되는 역사를 이룹니다. 그리스도 안에 거함으로 우리의 소원들이 성결케 됩니다. 그래서 우리의 뜻이 주의 뜻과 같게 되어 그 기도는 응답을 받습니다.

이 사실과 밀접하게 연관지어 생각해야 할 것이 있는데 그리스도 안에 거함으로 주님께 기도하는 신자들은 오직 하나님의 영광만을 구해야 함을 배워야 합니다. 기도에 응답하시겠다는 약속을 주실 때에 그리스도는 "이는 아버지로 하여금 아들을 인하여 영광을 얻으시게 하려 함이라"는 한 가지 생각뿐이셨습니다(요 14:13 참조).

세상에 계실 동안 중보기도에 있어서도 그것은 주님의 한 가지 소망이요, 간구였습니다(요 17장 참조). 하늘나라에서의 중보기도에서도 그것이 주님의 위대한 목적인 것입니다. 신자가 그리스도 안에 거하면 주님께서는 아버지께만 영광을 돌리려는 마음을 불어넣으십니다. 오직 하나님의 영광만을 생각하는 사상은 그리스도 안에 감추인 생명을 보다 잘 이해할 수 있는 열쇠가 되는 것입니다.

처음에는 조그만 일이라도 하나님 아버지의 영광을 가리우는 것이 될까봐 하나님의 영광을 위한 생활은 자발적으로 즐겁게 할 수 없는 것으로 알았습니다. 그러나 그 대전제의 중요성을 한번 받아들이자 기타 모든 것들은 거기에 종속되었습니다. 또 그것은 마음을 넓게 하고 고무시키는 큰 힘이 되었으며 하나님의 영광을 위하여 할수 있는 일이 무한정하다는 것을 깨닫게 해주었습니다. 그리스도 안에 거하면 무엇이 하나님께 영광이 될 것인지 영적으로 분별할 수 있게 될 뿐 아니라 하나님의 영광을 바라고 소망하게 됩니다. 그리고 받으실 만한 합당한 기도가 될 수 있는 첫째 조건이 그리스도 안에 거하는 데서 이루어집니다. 즉 그리스도와의 연합의 열매로서 우리 심령이 "아버지여! 당신의 이름을 영화롭게 하옵소서"라고 하신 성자의 마음과 일치된 조화를 이루게 됩니다.

다시 한번 강조하거니와 그리스도 안에 거함으로 우리는 스스로 그리스도의 이름을 사용할 수가 있는 것입니다. 우리가 예수님의 이름으로 구하는 것은 하나님께서 권위를 주어 내게 보내신 자의 이름으로 간구할 때에 하나님 자신에게 구하는 것으로 간주하심을 알기 때문입니다. 즉 하나님께서 우리에게 은혜를 베풀고자 하시는 것입니다.

신자들은 주님의 이름을 의지하는 믿음이 얼마나 적은지를 뼈저리게 느낍니다. 그리고 예수님의 공로와 그분의 이름을 생각하고 그들의 기도가 상달되는 믿음에 도달했다고 생각하는 경우가 많습니다. 그들은 온전히 예수님의 이름으로 살고 있지 못하며 단지 예수님의 이름을 꺼내어 이용하려고 할 때에만 기도하는 것입니다. 이렇게 되어서는 안됩니다. "너희가 무엇이든지 내 이름으로 구하면"이라는 약속은 "너희가 무엇을 하든지 모든 것을 주 예수의 이름으로 하라"는 명령과 분리해서 생각할 수 없습니다. 내가 하고자 하는 모든 일을 마음대로 할 수 있는 권한을 지니는 것은 먼저 내가 주님의 처분 아래 자신을 맡겨 주님께서 나를 자유롭게 사용하실 수 있어야 가능합니다. 그리스도 안에 거함으로 확신을 가지고 주님의 이름을 사용할 수 있는 힘과 권리를 받게 됩니다.

그리스도에게는 아버지께서 아무것도 거절하신 것이 없었습니다. 그리스도 안에 거함으로 우리는 주님과 더불어 하나가 되어 아버지께 나아오는 것입니다. 주님의 의가 내 안에 있고 주님의 영이 내 안에 있어 아버지께서 내 안에서 아들을 보시며 나에게 소원을 주셨습니다. 우리가 주님 안에 있지 않을지라도 아버지께서 그리스도 안에 있는 것같이 여겨주시는 것은 많은 사람이 생각하듯이 일종의 전가에 의한 것이 아닙니다. 결코 그렇지 않습니다. 아버지께서는 우리가 주 안에 거하는 것을 보시기를 원하며 그때에야 비로소 우리의 기도가 능력을 나타내는 진정한 기도가 될 것입니다. 그리스도 안에 거하는 것은 올바르게 기도할 수 있는 새로운 마음을 줄 뿐 아니라 우리를 위한 주님의 공로를 통해 충만한 능력을 얻게 하는 것입니다.

다시 한번 강조하거니와 그리스도 안에 거하는 것은 믿음을 갖도록 역사하는데 이 믿음을 통해서만 응답을 받는 것입니다.

"너의 믿음대로 될지어다."

이것은 하늘나라 법칙 중의 하나입니다.

"구한 것을 받을 줄로 믿으면 얻게 되리라."

이 믿음은 물론 말씀에 뿌리와 근거를 두고 있지만 하나님께서 약속하셨으므로 내가 얻을 것이라는 단순한 논리적 결론보다는 무한히 높은 차원의 무엇인가를 말해줍니다. 영적인 행위로서의 믿음은 살아있는 능력으로서 우리 안에 거하는 말씀에 의존하며, 따라서 우리의 전반적인 내적 생활 상태에 의존해 있습니다.

금식과 기도(막 9:29), 겸손과 신령한 마음(요 5:44), 전적인 순종(요일 3:22)이 없이는 이와 같은 살아있는 믿음이 있을 수 없습니다. 그러나 주님은 그리스도 안에 거하는 심령이 주님과 더불어 연합한 것을 의식하는 데까지 장성하게 하며 소원을 주십니다. 또한, 그 소원이 받으실 만한 합당한 것이 되도록 하시는 분이 오직 주님이시라는 것을 깨닫는 심령은 응답을 감히 요구할 수 있습니다. 왜냐하면, 그 심령은 그가 주님과 하나라는 사실을 알고 있기 때문입니다. 그 심령이 믿음을 통해 주님 안에 거하는 일을 배운 것입니다. 그 믿음의 열매를 통해 하나님께서 하시겠다고 약속하신 모든 일 가운데서 더욱 큰 믿음을 일으키십니다. 믿음은 기도하는 자에게 깊고 고요하고 분명한 확신을 불어넣어 줍니다.

이뿐만 아니라 그리스도 안에 거함으로써 우리는 응답을 받을 수 있는 위치에 서게 됩니다. 어떤 신자들은 축복받기를 간절히 기도합니다. 그러나 하나님께서 오셔서 축복하시려고 보면 그들은 그 자리에 없습니다. 그들은 축복이란 간구해야 할 뿐 아니라 기다려야 하며 기도하는 중에 받는 것임을 생각하지 못하고 있습니다. 그리스도 안에 거하는 것은 응답받을 수 있는 장소에 있는 것입니다. 주님 밖에서 받은 응답은 위험스러운 것이며 우리의 정욕을 위해 써버릴 것입니다(약 4:3).

말하자면 신령한 은혜, 축복하고 사역하는 능력을 위한 가장 풍성한 응답은 오로지 하나님께서 우리에게 그리스도를 주신 뜻을 보다 크게 체험하는 형태로 주어지는 경우가 많습니다. 주님 안에 풍성함이 있으며 주님 안에 거하는 것은 능력 있는 기도의 조건입니다. 왜냐하면, 그 응답은 주님 안에서 베풀어지고 쌓여질 것이기 때문입니다.

신자들이여! 그리스도 안에 거하십시오. 그 안에는 능력있고 효과 있는 응답받는 기도와 그 기도를 배우는 학교가 있기 때문입니다. 주님 안에 거하십시오. 그러면 여러분은 많은 사람들이 알지 못하는 비밀을 배우게 될 것입니다. 믿음으로 하는 기도의 비결이란 믿음 생활 즉 예수님 안에만 거하는 생활 그것입니다.

제22장 나의 사랑 안에 거하라

아버지께서 나를 사랑하신 것같이 나도 너희를 사랑하였으니
나의 사랑 안에 거하라 요 15:9

주여! 우리의 눈을 밝히사 이 놀라운 말씀 안에 있는 영광을 올바로 볼 수 있게 하옵소서. 우리의 묵상하는 마음에 주의 사랑의 비밀한 처소를 주사 우리의 심령이 거기에서 영원한 거처를 얻게 하옵소서. 그 밖의 어디에서 우리가 이성을 초월하는 사랑을 깨달을 수 있습니까?

주님께서는 그분의 사랑 안에 거하라고 우리를 초대하시기 전에 우리에게 그 사랑이 어떤 것인지 알려주십니다. 주님이 그 사랑을 말씀하심으로 그 초대는 더욱 호소력있는 것이 되며 그것을 거절한다는 것은 생각조차 할 수 없게 됩니다.

"아버지께서 나를 사랑하신 것같이 나도 너희를 사랑하였으니."
"아버지께서 나를 사랑하신 것같이."

우리는 어떻게 이 사랑에 대한 올바른 개념을 파악할 수 있겠습니까?
주여! 우리를 가르치소서.
하나님은 사랑이십니다. 사랑은 그 자체가 곧 하나님의 존재의 본질입니다. 사랑은 하나의 속성이 아니며 그 주변에 그분의 모든 영광스러운 속성들이 함께 모여 있는 하나님의 본질의 정수입니다. 하나님은 사랑이시기 때문에 아버지가 되시며 거기에서 또 아들이 계십니다. 사랑은 하나의 대상이 필요한 것입니다. 그 대상 안에서 사랑은 스스로를 잃어버릴 수가 있고 그 대상과 더불어 하나가 될 수 있습니다. 하나님은 사랑이시기에 아버지와 아들이 계십니다. 아버지(성부)의 아들(성자)에 대한 사랑은 아들 안에서 기뻐하시는 거룩한 사랑입니다. 아버지는 "나의 사랑하는 아들이요 내가 기뻐하는 자니라"고 말씀하십니다. 신적인 사랑은 타오르는 불같은 것입니다. 그 모든 치밀함과 무한성에 있어서 오로지 하나의 대상과 기쁨을 가지는데 그것은 그 독생하신 아들입니다.

무한성, 완전성, 엄위성, 전능성, 광대성 등 하나님의 모든 속성을 함께 생각해 볼 때 그 모든 속성들이 그분의 사랑에서부터 비쳐나오는 영광스러운 빛에 불과함을 생각하십시오. 그러나 우리는 아직도 그 사랑이 어떤 것인지 올바른 개념을 세우지 못하고 있습니다. 우리의 지식과 이해를 초월하는 사랑이기 때문입니다. 그러나 하나님의 성자에 대한 이 사랑을 예수께서 여러분을 얼마나 사랑하시는가에 비추어 보아 배울 수 있습니다. 하나님께 구속함을 받은 사람들 중의 하나로서 여러분은 그분의 기쁨이 됩니다.

하나님의 모든 소망은 여러분을 향해 있고 그것은 죽음보다 강하며 어떤 물로도 끌 수 없는 불같은 사랑의 갈망입니다. 하나님의 마음은 여러분을 간절히 원하며 여러분과의 교제와 여러분의 사랑을 구하고 있습니다. 만약 그럴 필요가 있다면 그분은 여러분을 소유하기 위해 다시 한번 죽을 수도 있습니다. 아버지께서 아들을 사랑함으로 아들 없이는 살 수가 없는 그러한 사랑으로 예수께서 여러분을 사랑하십니다.

예수님의 생명은 여러분의 생명에 매여져 있으며 그분에게 있어서 여러분은 이해하기 힘들 정도로 말할 수 없이 귀한 불가분리의 존재가 되는 것입니다. 여러분은 예수님 자신과 하나인 것입니다.

"아버지께서 나를 사랑하신 것같이 나도 너희를 사랑하였으니."

얼마나 놀라운 사랑입니까?
그것은 영원한 사랑입니다.
하나님의 말씀이 이 사실을 가르쳐 주는데 창세 전부터 그리스도가 그분의 교회의 머리가 되어 그분 안에서 그분의 영광을 나타낼 수 있도록 그분의 몸된 교회를 세우려는 목표가 설정되었습니다. 그 영원하신 경륜 속에서 그분의 아버지가 주신 자들을 사랑하십니다. 예수께서 이 땅에 오셔서 그분의 제자들에게 그들을 사랑한다고 말씀하실 때의 그 사랑은 참으로 이 세상과 어떤 시간에 속한 것이 아니요, 영원한 사랑인 것입니다. 그리고 그분의 눈길이 아직도 우리 각자를 바라보시면서 그분 안에 거하도록 촉구하시는 것은 그 무한한 사랑 때문이며, 그 사랑의 숨결마다 참으로 영원한 능력을 보게 됩니다.

"내가 너를 영원한 사랑으로 사랑하였노라."

그것은 온전한 사랑입니다. 그 사랑은 아무것도 아끼지 않고 다 줍니다.

"아버지께서 아들을 사랑하사 모든 것을 그의 손에 맡기셨으니."

예수께서 그분의 백성들을 그같이 사랑하십니다. 주님이 가지신 모든 것은 또한 그 백성의 것이 되는 것입니다. 그분은 그렇게 하는 것이 필요했을 때 여러분을 위해 보좌와 왕관을 버리셨습니다. 그분은 여러분을 위해서는 그분 자신의 생명과 피를 귀한 것으로 여기지 않으셨습니다. 예수님의 의, 그분의 성령, 그분의 영광, 심지어 그분의 보좌까지도 여러분의 것입니다. 이 사랑은 아무것도 아끼지 않으며 인간의 마음으로는 헤아릴 수 없는 방법으로 여러분을 그 사랑과 하나가 되게 하셨습니다.

아! 이 놀라운 사랑이여!

아버지가 그분을 사랑하심같이 그분은 우리를 사랑하고 이 사랑을 매일의 생활 속에 베풀어주시는 것입니다.

그것은 자비하고 아주 자상한 사랑입니다. 아버지의 아들에 대한 사랑을 생각할 때 우리는 아들 안에서 그 사랑을 받기에 합당한 모든 것을 볼 수 있습니다. 우리에게 주신 그리스도의 사랑을 생각할 때 우리에게서는 무가치함과 죄밖에는 눈에 띄는 것이 없습니다. 그리고 다음과 같은 의문이 생깁니다.

하나님의 거룩한 생명의 품속에 있는 그 사랑과 완전하심이 어떻게 죄인들에게 베푸신 사랑과 비교될 수가 있을까?

그것은 정말로 똑같은 사랑일까?

우리는 똑같은 사랑임을 알고 하나님을 찬양합니다. 그 대상은 각각 다를지라도 사랑의 본질은 항상 하나입니다. 그리스도는 아버지께서 그분을 사랑해주신 그 사랑밖에 다른 사랑의 법을 알지 못합니다. 우리의 무가치함은 오히려 천국에서조차도 찾아볼 수 없을 그 사랑의 아름다움을 더욱 분명하게 드러냅니다. 말할 수 없는 자비의 심정으로 그분은 우리의 연약함을 굽어보시며, 상상할 수 없는 인내심으로 우리의 게으름을 참으시며, 사랑과 자비로 우리의 어리석음과 두려움을 담당하십니다. 그 사랑은 아들에 대한 아버지의 아름답고 영광스러운 사랑이며 우리의 필요에 따라 자상하게 채우시는 하나님의 겸손하신 사랑입니다.

그리고 그것은 변함없는 사랑입니다.

> 세상에 있는 자기 사람들을 사랑하시되 끝까지 사랑하시니라 요 13:1

> 산들은 떠나가고 언덕들은 옮겨지겠으나 나의 인자는 너에게서 떠나지 아니하리라 사 54:10

심령 속에서 역사를 시작하시는 약속의 말씀은 "내가 너희에게 말한 것을 이루기까지 내가 너를 떠나지 아니하리라"입니다. 우리의 비참함을 통해 처음 그 말씀에 가까이 이끌림받았듯이 우리를 그토록 슬프게 했었고 두렵게 하고 의심하게 했던 죄가 이제는 오히려 우리를 더욱 굳게 붙드시는 새로운 동기가 된 것입니다.

왜 그렇습니까?

"아버지께서 나를 사랑하신 것같이 나도 너희를 사랑하였으니"라는 말씀밖에는 다른 이유를 말할 수가 없습니다. 이제 이 사랑이 우리 자신을 그 안에 거하도록 송두리째 드리는 방법과 동기가 되는 것이 아니겠습니까?

참으로 이 사랑은 동기를 줍니다. 이 사랑이 어떻게 호소하고 기도하도록 하는지 보십시오. 못박힌 손을 펴시면서 그 거룩한 모습과 영원한 영광과 천국의 아름다움으로, 또 십자가에 달리신 사랑으로 나오라고 간절히 부르시는 것을 지켜보십시오.

주님은 못박히신 손을 펴시면서 "너는 나와 함께 동행하지 않겠는가?

너는 와서 내 안에 거하지 않겠는가?"라고 말씀하십니다. 주님의 손은 영원한 사랑이 여러분을 찾아서 오신 곳을 가리킵니다. 그것은 그 사랑의 실질을 증명하며 그 사랑 때문에 여러분을 구하려고 모든 것을 견딘 십자가를 보여줍니다. 여러분이 그 사랑의 품에 주저없이 자신을 던지려고 하기만 한다면 여러분을 위해 하시겠다고 약속하신 모든 것이 생각날 것입니다. 여러분이 그 사랑과 함께 살고 그 축복을 맛보려고 찾아오는 한 그 사랑은 여러분에게 그것이 잘 이루어졌는지를 물을 것입니다. 말할 수 없는 자비와 신적 권위로서 "너희 영혼아 아버지께서 나를 사랑하신 것같이 나도 너희를 사랑하였으니 나의 사랑 안에 거하라"고 하시는 말씀 속에서 우리는 거의 질책의 소리를 들을 수 있습니다. 이러한 호소에 대해 "주 예수 그리스도여, 내가 여기 있나이다"라는 한 가지 대답 밖에는 할 말이 없는 것입니다.

> "이제부터 당신의 사랑이 내 영혼의 유일한 거처가 될 것입니다. 내가 당신의 사랑 안에만 거하리이다."

그 사랑은 동기일 뿐 아니라 그 안에 거하는 우리 헌신의 방편이 되기도 합니다. 사랑은 모든 것을 주며 모든 것을 요구하는 것입니다. 그것은 그 사랑이 우리에게서 무엇인가를 짜내려고 하기 때문이 아니라 그렇게 하지 않고서는 그 사랑 자체로 가득 채우도록 우리를 온전히 소유할 수 없기 때문입니다. 아버지와 아들의 사랑에 있어서도 이것은 마찬가지입니다. 예수님이 우리를 사랑하신 그 사랑에서도 이것은 마찬가지입니다. 우리가 그 사랑 안에 거하려는 데서도 이것은 동일하게 적용되어야 합니다. 우리의 사랑에 대한 헌신은 사랑이 우리에게 헌신하는 방편이 되어야 합니다.

우리를 부르신 그 사랑의 무한한 풍요하심과 우리를 위한 충만한 기쁨이여! 우리가 그것을 위해 포기한 것들을 이생에서 백 배로 보상받을 것입니다. 그 사랑은 우리의 이해와 지식을 초월하는 폭과 깊이와 넓이를 가졌다는 것을 깨달아야 할 것입니다.

우리의 심령이 그러한 사랑을 받아 말할 수 없는 특권과 놀라움으로 가득 차고, 그 사랑 안에 영원히 거하도록 허락받았다는 것을 생각할 때 어찌 기쁘게 희생과 헌신을 하려 하지 않겠습니까?

그러나 다시 의심이 생겨 질문하게 됩니다.

"하지만 내가 항상 그분의 사랑 안에 거하는 것이 가능할까?"

그 사랑 자체가 그분 안에 거하게 하는 유일한 방편이 되는 사실에 귀를 기울이십시오. 우리를 그 사랑 안에 거하도록 하는 것은 그 사랑에 대한 믿음입니다. 이 사랑이 정말 그렇게 강렬하고 뜨거운 것이라면 그것에 의지하여 나를 굳게 붙들어 지켜주실 것을 믿고 의지해도 좋을 것입니다. 그 사랑에 있어서는 나의 모든 무가치함과 연약함이 장애가 되지는 않을 것입니다. 이 사랑이 참으로 무엇이나 할 수 있는 무한한 힘을 가진 신적인 것이라면 그 사랑은 나의 연약함보다 강하다는 확신을 가질 수가 있을 것입니다. 또 주님은 능력있는 팔로 나를 그의 가슴에 안아 더 이상 밖으로 나가지 못하도록 할 것입니다.

하나님께서 내게 요구하시는 것은 이 한 가지뿐임을 깨닫습니다. 주님은 나를 의지하고 선택할 수 있는 놀라운 능력을 가진 이성적 존재로 취급하시므로 나에게 이 모든 축복도 강제로 주실 수는 없습니다. 다만 내가 마음에서 우러나오는 자발적인 동의를 드리기까지 기다리실 뿐입니다. 내가 마음에서 나오는 동의를 표시할 때 그 표로 주님은 그분의 무한하신 자비를 통하여 믿음을 주십니다. 또 그 믿음을 통해 죄악을 밖으로 쫓아내어 사랑의 품 안에서 구원을 받고 연약함을 주님께 아뢰어 보호하심을 입어 강건하게 되는 것입니다.

> 아들을 사랑하신 아버지의 그 사랑이여!
> 우리를 사랑하신 그 아들의 사랑이여!
> 나는 당신을 신뢰하오니
> 당신 자신 안에 거하도록 나를 지키소서.

제23장 아버지의 사랑 안에 거하라

아버지께서 나를 사랑하신 것같이 나도 너희를 사랑하였으니
나의 사랑 안에 거하라 내가 아버지의 계명을 지켜
그의 사랑 안에 거하는 것같이 너희도 내 계명을 지키면
내 사랑 안에 거하리라 요 15:9~10

그리스도는 그분의 제자들에게 그분 안에 거하는 것이 곧 그분의 사랑 안에 거하는 것이라고 가르치셨습니다. 그분이 고난을 받을 때가 가까웠을 때 주님은 그 제자들에게 더 많은 것을 말해줄 수 없었습니다. 물론 제자들에게는 주님 안에 거하며 그 사랑 안에 거하는 것이 어떤 것인지에 대해 여쭈어볼 것이 많았습니다. 주님은 제자들의 소원을 아시고 채워주시며 그분의 계명의 최상의 본보기로 자신의 목숨을 그들에게 내어주셨습니다. 그분의 사랑 안에 거하는 법칙과 모범으로서 제자들은 주님이 그분의 아버지의 사랑 가운데 거하시는 것을 살펴보아야 했습니다. 즉 주님과 아버지의 연합에 비추어 볼 때 주님과 그들의 연합이 보다 분명해지는 것입니다. 아버지 안에서의 주님의 생활은 주님 안에서의 제자들의 생활의 법칙이 된 것입니다.

그 원리는 아주 고상하여 이해하기가 힘들지만, 너무도 분명하게 계시되었으므로 감히 소홀히 할 수 없는 것입니다.

요한복음 6장 57절에서 주님은 "내가 아버지로 인하여 사는 것같이 나를 먹는 그 사람도 나로 인하여 살리라"고 말씀하시지 않았습니까?

그리고 주님께서는 분명하게 "이는 우리가 하나가 된 것같이 저희도 하나가 되게 하려 함이니라 곧 내가 저희 안에 아버지께서 내 안에 계셔 저희로 온전함을 이루어 하나가 되게 하려 함은"이라고 기도하셨습니다. 아버지의 그리스도와의 축복된 연합과 아버지 안에서의 주님의 생활은 우리가 주님 안에 거하는 생활에 대한 유일한 법칙이 됩니다.

무엇보다도 그리스도의 생활은 아버지 안에서 비롯된 것임을 생각하십시오. 주님과 아버지는 생활과 그 사랑에 있어서 하나입니다. 주님께서 아버지 안에 거하심은 바로 여기에 뿌리를 두고 있는 것입니다. 비록 세상에 계실 때에도 주님은 아버지와 하나라는 것을 아셨습니다. 즉 아버지의 생명이 그분 안에 있고 아버지의 사랑이 주님에게 머물고 있는 것입니다. 이것을 알지 못하고서는 아버지와 그분의 사랑 안에 거한다는 것은 전적으로 불가능할 것입니다. 그리스도와 그분의 사랑 안에 거할 수 있는 것은 이것을 알 때만이 가능합니다.

여러분은 주님과 더불어 하나 즉 본질의 연합에 있어서 하나인 것을 아십시오. 그분은 인간으로 나시어 인간이 되셨고 여러분과 하나가 되기 위해 여러분과 똑같은 본질을 입으셨습니다. 여러분은 중생으로 말미암아 주님과 하나가 되었으며 그분의 신적인 성품에 참여하는 자가 되었습니다. 여러분을 주님에게 매어주는 줄은 주님을 아버지에게 매어주는 거룩한 생명의 줄처럼 가깝고도 실제적인 것입니다.

여러분이 주님에게 구하는 것은 주님이 그분의 아버지에게 구하는 것처럼 확실하고 항상 유익한 것이어야 합니다. 주님과 여러분의 연합은 이처럼 밀접한 것입니다. 그것은 거룩한 생명의 연합이요, 무한한 사랑의 연합인 것입니다. 겸손한 지상생활을 하셨던 주님은 무한한 하나님의 사랑의 대상으로서 그분 자신을 인식하시며 그 사랑 안에 종일 거하는 능력과 축복을 맛보셨습니다. 친히 그분 자신이 모범을 보이심으로써 여기에 기쁨과 안식의 비결이 있음을 배우도록 여러분을 초대하십니다. 여러분은 주님과 하나입니다. 이제 주님의 사랑을 받도록 여러분 자신을 드리십시오. 여러분을 사방 주위에서 위로하고 비추어주는 그 사랑을 향하여 마음과 눈을 여십시오. 그분의 사랑 안에 거하십시오.

그리고 여러분 생활의 법칙이 되어야 할 아버지와 그분의 사랑 안에 거하는 분위기를 생각해 보십시오.

> "내가 아버지의 계명을 지키면 그의 사랑 안에 거하리라."

그분의 생활은 복종하고 의지하는 생활이었으나 가장 복된 생활이었습니다. 교만하고 자기 중심적인 우리의 본성으로 생각하기에는 복종과 의지 등은 곧 노예와 굴종을 연상하게 됩니다. 그러나 하나님의 아들이 몸소 실천하셨고 우리를 초대하신 사랑의 생활에서는 복종과 의지의 생활이 곧 축복의 비결이었던 것입니다. 성자는 모든 것을 아버지께 맡기고 포기함으로 무엇을 잃어버릴까 두려워하지 않았습니다. 왜냐하면, 주님은 아버지께서 자기를 사랑하시고 그 아들과는 무관한 어떤 관심도 가지실 수 없음을 아셨기 때문입니다.

주님은 자기 편에서 온전히 의지하는 것이야말로 아버지께서 가지신 모든 것을 전달받는 방편이 된다는 것을 아셨습니다. 그러므로 주님께서 "아들은 그 아버지께서 행하신 것을 보는 이외에 스스로는 아무것도 할 수 없음이니라"고 말씀하시면서 곧 "아버지께서 하시는 것은 무엇이든지 또 그 아들도 행하리라"고 덧붙이셨습니다. 그리스도의 생활을 그분이 보여주신 본보기와 약속으로써 연구해 보면 "내가 없으면 너희는 아무것도 할 수 없음이니라"는 말씀은 "내게 능력주시는 그리스도를 통하여 내가 모든 것을 할 수 있느니라"는 말씀의 서두에 불과한 것임을 깨달을 수 있습니다.

우리는 연약한 중에 영광돌리는 것을 배우고 그리스도의 이름을 위하여 겪는 긴장과 궁핍 속에서도 기뻐하기를 배웁니다. 왜냐하면, "내가 약한 데서 온전하여지기" 때문입니다. 많은 그리스도인들이 그들의 연약성을 말하면서도 그 안에서 안주하기를 주저하지 않는다는 사실을 사도는 강조하여 말해 주고 있습니다. 그는 거룩한 사랑 안에 거하는 생활 속에서는 자신에 대해 배우고 우리의 의지를 희생하는 것이 우리가 바라고 뜻했던바 모든 것을 얻을 수 있는 가장 확실한 길이 되는 것을 그리스도로부터 배웠기 때문입니다. 의지, 복종, 자기 희생 등은 그리스도에게서처럼 그리스도인들에게도 축복된 삶의 길입니다. 그리스도가 아버지 안에서 아버지를 통해서 살았듯이 신자들도 그리스도 안에서 그리스도를 통해서 살아야 합니다.

아버지의 사랑 안에 살았던 그리스도의 이 생활의 영광을 생각해보십시오. 주님이 온전히 아버지의 영광을 위해 드렸기 때문에 아버지께서 그분에게 영광과 존귀로 관을 씌우신 것입니다. 아버지는 아들을 그분의 유일한 대표자로 봅니다. 아버지는 아들을 그분의 능력과 권위에의 동참자로 만드십니다. 그분은 아들을 높이심으로써 보좌의 자리를 함께 나누십니다. 그리스도의 사랑 안에 거하는 자들도 그렇게 높여주실 것입니다. 우리가 주님의 사랑에 우리 자신들과 우리의 관심을 맡기고 그분을 신뢰하려는 것을 그리스도께서 보신다면 아버지께서 그분을 위해 하신 일을 우리에게 행하실 것입니다. 또 우리가 그분을 신뢰하는 가운데 우리의 명예를 위하고 뜻을 이루기 위한 염려를 맡기고 포기한다면 아버지께서 그분을 위해 하신 일을 우리에게 하실 것입니다. 모든 일에 주님을 절대적으로 의지함을 고백하고 그대로 시행하는 것으로 우리의 영광을 삼고 주님 안에서만 산다면 주님은 아버지가 그분에게 하셨던 것을 우리에게 해주실 것입니다.

주님은 그분의 영광을 우리 위에 덧입히실 것입니다. 우리 주 예수의 이름이 우리 안에서 영화롭게 되면 우리도 주님 안에서 영화롭게 될 것입니다(살후 1:12). 주님은 우리를 그분의 진실하고 합당한 대표자로 여기십니다. 그래서 그분의 능력을 우리에게 의탁하십니다. 주께서 우리에게 세상과 교회를 다스리는 그분의 영향력을 중재하도록 하시면서 우리를 그분의 경륜 안에서 인정하셨습니다. 주님은 우리를 인간에 대한 그분의 권위와 지배력의 도구로 삼으십니다. 하나님의 성령은 바로 인간 안에 거하시며 그분의 거룩한 사역을 위한 도구로 삼으십니다.

주님께서 아버지 안에 거함같이 그리스도의 사랑 안에 거하면서 사랑의 복된 생활을 하는 심령이여!

믿는 자들이여!

그리스도의 사랑 안에 거하십시오. 주님의 아버지께 대한 관계를 하나님께서 그 백성에게 약속하신 것과 동일한 관계로 상고하고 본받으십시오. 아버지 안에서 주님의 생활이 복되고 능력 있고 영광스럽듯이 여러분도 주님 안에서 그렇게 되는 것입니다. 믿음 안에서 성령의 가르침을 따라 이 진리를 받아들이고 그리스도 안에 거하는 것이 수고와 짐으로 생각되는 모든 두려움을 물리치십시오. 아버지 안에서의 주님의 생활을 비추어볼 때 주님과의 연합 안에서 복된 안식과 능력과 힘이 흘러나오는 샘이 되도록 하십시오.

주님이 아버지의 사랑에 거함같이 그분의 사랑과 능력있고 우리를 지키시며 만족을 주는 구원의 사랑 안에 거하는 일이 결코 우리가 이루어야 하는 것은 아닙니다. 즉 놀라운 부르심에서 그것이 우리가 하는 일이 될 수 없다는 것을 배웁니다. 오히려 그것은 우리 생활 내부에서 즉각적으로 흘러나오며 위에서부터 역사하는 사랑의 결과로서 주님과 함께함으로 이루어지는 것입니다.

우리에게 필요한 것은 그리스도 안에서 우리 앞에 놓여진 사랑의 거룩한 형상을 묵상하고 연구하는 것입니다. 우리는 하나님을 향하여 우리 심령의 귀를 기울이고 하늘의 빛에 비추일 때까지 아버지 안에서 그리스도의 생활을 바라봅니다. 또 우리의 사랑하시는 자가 다정하게 속삭이는 살아있는 음성으로 제자들을 가르치는 것을 듣는 것입니다.

내 영혼아! 고요하며 잠잠히 귀를 기울이라.

"자녀들아! 아버지께서 나를 사랑하신 것처럼 나도 너희를 사랑하노라. 내가 아버지의 사랑 안에 거함같이 나의 사랑 안에 거하라. 너희가 세상에서 내 안에 거하는 것은 내가 아버지 안에 거하는 것과 똑같은 것이다."

이와 같은 말씀이 여러분의 마음속에 들어가 깊이 새겨지기까지 모든 다른 생각을 보류하십시오. 때로 이것은 우리에게 너무 고상하게 보이므로 정말 그렇게 될 수 있을까 하는 생각이 들기도 합니다. 그러나 이 위대한 특권이 주님께서 계획하시는 그 목적의 위대함으로 정당화된다는 것을 기억하십시오. 그리스도는 지상에서 아버지를 나타내셨습니다. 그것이 가장 완전한 연합과 아버지가 아들에게 하셔야 했던 온전한 교제가 아니었다면 주님께서도 이같이 하실 수 없었을 것입니다. 아버지께서 주님을 사랑하심으로 그렇게 하실 수 있었으며, 주님은 그 사랑 안에 거하셨습니다.

신자들은 세상에서 그리스도를 나타내는 것입니다. 만약 온전한 연합이 없으므로 주님이 그들을 사랑하시고 보내셨다는 것을 세상이 알지 못한다면 그리스도를 나타낼 수가 없는 것입니다. 그러나 그리스도께서 자신을 내어주시고 모든 것을 내어주신 그 무한한 사랑으로 그들을 사랑하셨으므로 그들이 그 사랑 안에 거한다면 그리스도를 나타낼 수가 있는 것입니다.

> 주여! 당신의 사랑을 보여주시옵소서. 모든 성도들이 우리의 이해와 지식을 초월하는 그 사랑을 알게 하소서.
> 주여, 당신의 사랑 안에 거하는 것이 얼마나 복된 생활

인지를 당신의 생활을 통해 보여주시옵소서. 그것을 보고 우리들이 단 한 시간이라도 주님의 사랑 안에 거하는 것 그 밖의 생활을 구하지 않도록 인도하소서.

제24장 주의 계명을 지키라

내가 아버지의 계명을 지켜 그의 사랑 안에 거하는 것같이
너희도 내 계명을 지키면 내 사랑 안에 거하리라 요 15:10

신자의 생활 가운데서 선한 행실이 차지하는 위치를 여기에서 분명하게 배우게 됩니다. 사랑받는 아들로서의 그리스도는 아버지의 사랑 안에 있는 것입니다. 주님은 아버지의 계명을 지킴으로써 그 사랑 안에 거하는 것입니다. 그러므로 공로가 없이도 신자들은 그리스도를 영접하고 그 안에 있게 되는 것입니다. 신자들은 그리스도의 계명들을 지킴으로 그 사랑 안에 거합니다. 죄인이 그리스도 앞에 나아올 때에 그는 스스로 무엇인가 행함으로 준비하려고 합니다. 그러나 복음의 소리는 "행위로 말미암지 않고"라고 말합니다. "행위로 말미암지 않고"라는 말씀을 육신의 생각으로 오해하지 않도록 그리스도 안에 거하면서 복음의 참뜻을 소리높여 강조하십시오.

> 그리스도 예수 안에서 선한 일을 위하여 지으심을 받은 자니
> 엡 2:10

그리스도 밖에 있는 죄인들에게는 주님과 연합하는 데 있어서 행위가 가장 큰 장애가 될지 모릅니다. 그리스도 안에 있는 신자들에게는 행위가 능력과 축복이 됩니다. 왜냐하면, 그것들로 인해 믿음이 더욱 온전케 되고(약 2:22), 그리스도와의 연합이 더욱 공고해지며, 영혼이 세움을 입고 하나님의 사랑에 더욱 깊이 뿌리박게 되기 때문입니다.

> "누구든지 나를 사랑하면 그는 내 말을 지킬 것이며 내 아버지께서 그를 사랑하시리라."

"너희가 나의 계명들을 지키면 너희가 나의 사랑 안에 거하리라."

계명들을 지키는 일과 그리스도의 사랑 안에 거하는 이 관계는 쉽게 이해될 수 있는 것입니다. 예수 그리스도와 우리의 연합은 지적이고 감상적인 것이 아니라 생활과 마음속에서 일어나는 실질적인 연합입니다. 그리스도의 거룩한 생애에 있어서 그분의 감정과 성품이 성령을 통해 우리에게 임재하십니다. 신자들은 예수님께서 원하셨던 대로 생각하고 느끼고 간구하도록 부르심을 받았습니다. 신자는 주님의 은혜뿐만 아니라 그분의 거룩하심에도 동참하는 자가 되어야 합니다.

또한 거룩함에서 오히려 은혜의 가장 아름다운 면이 나타나게 되는 것을 봅니다. 신자에게 있어서 그리스도의 삶을 산다고 하는 것은 자기만을 위한 삶에서 벗어나는 것을 의미합니다. 오직 그리스도의 뜻만이 자기 고집에 얽매인 자신의 죄악된 상태에서 풀려나 자유를 얻는 유일한 길이 되는 것입니다.

무관심하고 나태한 신자에게 있어서는 성경의 계명들과 약속들 사이에 커다란 차이가 있는 것처럼 보일 것입니다. 그는 하나님의 약속들로 위안과 양식을 삼습니다. 그러나 진정으로 그리스도의 사랑 안에 거하고자 하는 자에게는 그 계명들도 마찬가지로 귀한 것입니다. 그 약속들이 하나님의 사랑에 대한 계시인 것처럼 그분의 계명들도 거룩한 생활의 보다 깊은 체험으로 인도하는 것이며, 주님과 더욱 밀접히 연합하도록 도와주는 방법이 되는 것입니다. 신자는 우리 의지와 주님의 뜻이 조화를 이루는 것이 어떻게 하여 주님과 우리의 교제의 주된 요소들이 되는지를 깨닫게 됩니다. 인간 존재에 있어서 의지가 그 중심적인 기능이 되듯이 하나님에게도 의지는 중심적인 기능입니다. 하나님의 의지는 자연계뿐만 아니라 전체 윤리를 지배하는 힘입니다.

주님의 뜻을 기뻐하지 않고서야 어떻게 주님과의 교제가 있을 수 있겠습니까?

신자가 하나님의 뜻을 행하기를 두려워하고 무관심한 동안은 죄인에게 구원이라는 것은 개인적인 안전이 될 뿐입니다. 성령님께서 그에게 하나님과의 교제를 회복하고 주님과 일치하는 것이 무엇인지를 보여준다면, 그는 즉시로 그리스도의 사랑 안에 거하는 방법으로서 그분의 계명을 지키는 것보다 더 아름답고 자연스러운 방법이 없다는 것을 느끼게 됩니다. 주님께서 신자에게 아버지와 아들을 나타내실 때에 성령을 충만케 하신다는 것을 그 신자가 안다면 그의 속심령은 기꺼이 하나님의 계명을 지키게 됩니다(요 14:15~16, 21, 23).

신자로 하여금 보다 깊은 통찰력을 갖게 함으로써 이 진리를 보다 더 진실한 마음으로 받아들일 수 있게 해주는 것이 또 하나 있습니다. 그것은 그리스도 자신이 아버지의 사랑 안에 거하는 방법이 바로 이같이 아버지의 계명을 지키는 것이었음을 아는 일입니다. 그리스도의 지상생활을 통해 순종은 엄연한 사실이었습니다. 인간으로 하여금 그의 하나님을 배반하게 하는 무서운 어두움의 세력이 주님에게까지 미쳐서 그분을 시험하였습니다. 인간과 마찬가지로 주님께 있어서도 자기만족의 제안을 들고 나오는 시험을 당할 때 그것은 단지 무관심함으로써 해결될 문제가 아니었습니다. 그 시험들을 물리치기 위해 주님은 금식하고 기도해야 했었습니다. 그분은 고난 당하셨고 시험을 받으셨습니다. 주님은 자기 자신의 뜻을 행하기 위해 구하지 않도록 분명히 말씀하셨습니다.

주님은 아버지의 계명들을 지키는 것을 그분의 생활의 두드러진 목표로 삼았으며, 그리하여 아버지의 사랑 안에 거했던 것입니다.

주님께서는 우리에게 다음과 같이 말씀하지 않았습니까?

> "나는 스스로 행하지 아니하고 아버지께서 내게 가르치신 것들을 말하고 행한다. 나를 보내신 이가 나와 함께 계시고 나를 혼자 버려두지 않으신다. 이는 내가 항상 아버지를 기쁘시게 하는 것들을 행하기 때문이다."

주님은 이와 같이 하늘나라의 사랑 안에 거하면서 축복된 지상생활을 할 수 있는 유일한 길을 열어주셨습니다. 그리고 우리의 포도나무처럼 그분의 성령이 가지들에서 넘쳐흐를 때 계명을 지키는 것은 주님께서 우리에게 불어넣어 주신 생명의 가장 고상하고 확실한 요소 중의 하나가 되는 것입니다.

신자여! 예수님 안에 거하고자 하십니까?

그분의 계명을 진지하게 지키십시오. 그분의 계명들을 사랑하고 즐기십시오. 성경 가운데서 계명들을 찾아 아는 것으로만 만족하지 말고 자세히 연구하고 묵상하고 기도함으로 사랑으로 받아들이며 성령의 가르침을 통해 마음판에 새기십시오. 다른 계명들은 소홀히 여기고 알지도 못하면서 그리스도인들 가운데 아주 일반적으로 받아들여지고 있는 몇 가지 계명들을 아는 지식으로만 만족하지 마십시오. 하나님께서 주신 새 언약의 특권만 가지고도 여러분은 결코 다음과 같이 말한 구약의 성도보다 뒤지지 않는 것입니다.

"내가 모든 것에 대한 주의 가르침을 옳다 하리이다."

아직도 여러분이 이해하지 못하는 주님의 뜻이 많이 있다는 것을 확신하십시오. 골로새인들을 위한 바울의 기도가 여러분과 신자들을 위한 기도가 되도록 하십시오.

"너희가 모든 지혜와 신령한 깨달음에 있어서 주님의 뜻을 아는 지식으로 충만하기 위하여."

또 "너희가 하나님의 모든 뜻 안에서 온전하고 굳게 서게 하기 위하여"라고 하는 에바브로디도의 애쓰는 기도를 기억하십시오. 이것이 영적 성장 즉 여러분을 향한 하나님의 뜻을 분별하는 깊은 통찰력을 얻는 데 있어서 중요한 요소 중의 하나라는 것을 기억하십시오.

전적인 헌신으로만 끝났다고 생각하지 마십시오. 그것은 진실로 거룩한 생활의 시작에 불과한 것입니다. 바울이 신자들에게 어떻게 자신들을 하나님께 온전하고 거룩한 산 제물로 바치는가를 가르치고 난 후에(롬 12:1) 곧바로 제단에 드리는 생활이 참으로 무엇인지를 말해주고 있습니다(2절).

> 오직 마음을 새롭게 함으로 변화를 받아 하나님의 선하시고 기뻐하시고 온전하신 뜻이 무엇인지 분별하도록 하라 롬 12:2

성령님의 점차로 새롭게 하시는 역사가 그리스도의 마음을 닮는 데까지 장성하게 할 것입니다. 그리고 신령한 일을 분별하고 감지할 수 있는 섬세한 능력이 임하여 주님을 경외하는 가운데 "즉각적으로 깨닫는 심령이 됩니다." 또 일반적인 그리스도인들에게는 감추어진 심오한 방법으로 거룩한 능력을 받아 주님의 계명을 매일의 생활에 적용하며 그 의미를 깨달을 수 있게 됩니다. 그러한 비결을 여러분 안에 풍성하게 소유하고 그것을 여러분 마음속에 간직하면 "주의 율법을 즐거워하여 그 율법을 주야로 묵상하는 자"의 축복을 맛보게 될 것입니다.

사랑은 주의 계명을 하늘로부터 오는 음식으로서 여러분의 속사람 안으로 녹아들어 가게 합니다. 이제 주님의 계명들은 밖에 있으면서 여러분을 더 이상 대항하는 것이 아니며 여러분의 뜻을 변화시켜 주님이 요구하시는 모든 것과 온전한 조화를 이루도록 하는 살아있는 능력이 되는 것입니다.

여러분의 생활에서 계명을 순종함으로 지키십시오.

더 이상 단 한 가지 죄라도 용납하지 않겠다는 여러분의 엄숙한 다짐이 있었지 않았습니까?

"내가 맹세하여 그것을 행함으로 주의 의로운 판단을 지키리이다."

하나님의 뜻에 모든 것이 온전하고 완벽하며 합당하게 설 수 있도록 기도하면서 열심히 일하십시오. 하나님의 뜻과 온전한 조화를 이루지 못하는 모든 은밀한 죄를 발견할 수 있도록 열심히 간구하십시오. 주님께서 말씀하신 모든 것에 순종하도록 자신을 아낌없이 맡기면서 빛을 향하여 충성스럽고 꾸준히 나아가십시오. 이스라엘은 그러한 맹세를 하고서도 너무 쉽게 어겨버렸습니다(출 19:8; 24:7). 새 언약에서는 은혜를 주셔서 맹세할 뿐 아니라 지키도록 인도하십니다. 작은 일에도 불순종할까 조심하십시오. 불순종은 양심을 무디게 하고 심령을 어둡게 하며 우리의 영적인 힘을 죽이는 것입니다. 그러므로 그리스도의 계명들에 절대 순종하십시오. 오직 사령관의 명령만을 기다리는 군사들이 되십시오.

한 순간이라도 그 계명들이 짐스럽게 보인다면 그 계명들을 누가 주신 것인지 생각하십시오. 그 계명들은 여러분을 사랑하는 자로부터 나온 것들입니다. 그 계명들은 그 자체가 모두 사랑이며, 주님의 사랑으로부터 나온 것들이고, 주님의 사랑으로 인도하는 것들입니다. 계명을 지키기 위하여 자신을 헌신하고 희생할 때마다 주님의 사랑과 성령과 그 뜻에 좀더 깊이 연합하게 되는 것입니다. 그러면 두 배의 상급과 보상이 여러분의 것이 될 것입니다. 즉 주님의 사랑의 신비에 보다 충만하게 참여하게 되고 주님 자신의 복된 생활에 보다 밀접히 함께하는 자가 되는 것입니다. 그리고 여러분은 여러분의 가장 큰 보화로서 다음의 말씀을 소중히 여기는 것을 배우게 됩니다.

> 내가 아버지의 계명을 지켜 그의 사랑 안에 거하는 것같이 너희도 내 계명을 지키면 내 사랑 안에 거하리라 요 15:10

제25장 너희 기쁨을 충만하게 하려 함이라

내가 이것을 너희에게 이름은 내 기쁨이 너희 안에 있어
너희 기쁨을 충만하게 하려 함이니라 요 15:11

그리스도 안에 충만히 거하는 것은 넘치는 행복과 고상한 생활을 의미합니다. 그리스도의 심령을 온전히 소유하게 될수록 그 심령은 주의 기쁨에 참여하게 됩니다. 주님 자신의 기쁨인 하늘의 기쁨이 우리 자신의 것이 되며 충만하고 영원한 분깃으로서 우리의 것이 되는 것입니다. 세상에서의 기쁨이 어디서나 포도나무와 그 가지의 비유와 연관되어 있듯이 그 기쁨은 하늘의 포도나무이신 그리스도 안에 충만히 거하는 신자적 생활의 필연적인 특성이 되는 것입니다.

우리는 모두 기쁨의 가치를 알고 있습니다. 기쁨만이 참으로 우리의 마음을 만족케 하는 증거가 되는 것입니다. 의무나 자기 이익 또는 그 밖의 다른 동기가 나에게 영향을 미치고 있는 한 내가 추구하고 소유한 목적이 진정으로 내게 가치가 있는 것인지 인간은 알 수가 없습니다. 그러나 그것들이 내게 기쁨을 주고 내가 그 안에서 기뻐할 때 적어도 나에게는 보화가 되는 것을 알게 됩니다. 그러므로 기쁨처럼 매력 있는 것은 없고 마음을 반갑게 해주는 설교만큼 설득력 있는 것도 없습니다. 이러므로 그리스도인의 인격 가운데 기쁨이 가장 위대한 요소가 되는 것입니다.

하나님이 주신 기쁨이 인생의 모든 시련을 이기게 할 때 놀라운 그 능력을 느끼게 되고 하나님이 베푸시는 사랑과 축복을 실제로 가장 분명하게 보게 됩니다. 그리스도인 자신의 복된 생활을 위해서도 기쁨은 꼭 필요한 것입니다. 주님의 기쁨은 나의 힘이 되며 확신과 용기 그리고 인내가 기쁨에서 비롯됩니다. 기쁨으로 가득 찬 마음은 어떤 일로도 번민케 할 수 없으며 아무리 무거운 짐도 압박하지 못합니다. 하나님 자신이 힘이요, 우리의 찬송이 되십니다. 주님께서 그 안에 거하는 기쁨에 대해 하신 말씀에 귀를 기울여 봅시다.

주님은 우리에게 그분 자신의 기쁨 즉 '나의 기쁨'을 약속해 주셨습니다. 포도나무의 비유 전체가 주님이 승천하실 때 그분의 제자들이 주님 안에서 살아야 할 것을 말씀하신 것이며 그 기쁨은 주님의 부활하신 생명의 기쁨입니다. 이것은 다른 곳에 있는 주님의 말씀을 보아도 분명한 사실입니다.

> 지금은 너희가 근심하나 내가 다시 너희를 보리니 너희 마음이 기쁠 것이요 너희 기쁨을 빼앗을 자가 없으리라 요 16:22

변하지 않는 능력의 생활을 시작하는 것과 끊이지 않는 기쁨이 날로 더해가는 것은 부활과 그 영광으로 말미암은 것입니다. "그러므로 너의 하나님께서 너에게 너의 형제들보다도 기쁨의 기름으로 부어주셨도다"라는 말씀이 이루어진 것입니다.

주님이 면류관을 쓰시는 날은 그의 마음속에 기쁨이 넘치는 날입니다. 주님의 기쁨은 다시 아버지의 품속에 돌아온 기쁨이요, 구원받은 영혼들에 대한 기쁨이요, 영원히 그리고 온전히 완성하신 그 사역에 대한 기쁨입니다. 이것들이 주님의 기쁨을 이루는 요소들이요, 우리는 주님 안에 거함으로 그것에 참여할 수가 있습니다. 주님은 그분의 승리와 완전한 구속을 신자들과 함께 나누심으로 신자의 믿음은 늘 승리자의 노래를 부르지 않을 수 없는 것입니다.

"내게 항상 승리를 주시는 하나님께 감사할지어다."

또한 이 열매로서 아버지의 사랑의 빛에 거하는 흔들리지 않는 기쁨이 있으며 그 안에 끊임없이 거하는 동안 구름이 끼어들지 못하는 것입니다. 그리고 아버지의 사랑 안에서 이 기쁨으로 잃어버린 영혼을 사랑하게 됩니다. 그리스도 안에 거함으로 또 주님의 마음과 생활 속에 깊이 침투하여 온전한 일치를 추구함으로 주님의 세 가지의 기쁨이 우리 맘속에 넘쳐 흐르는 것입니다.

주님이 하신 일을 바라볼 때 우리는 측량할 수 없는 아버지의 사랑 안에서 베푸시는 상급을 봅니다. 또 죄인이 집에 돌아왔을 때의 주님의 한없는 기쁨으로 바라볼 때에 주님의 기쁨이 우리의 기쁨이 되는 것입니다. 우리 발은 갈보리에 두고, 눈은 아버지의 얼굴을 보고, 우리의 손은 집에 돌아오는 죄인을 도와줄 때에 주님의 기쁨을 우리의 것으로 소유하는 것입니다.

주님께서 말씀하신 그 안에 거하는 이 기쁨은 잠시라도 끊어지거나 없어지는 기쁨이 아닙니다.

"나의 기쁨이 너희 안에 있게 함이로다."
"너의 기쁨을 네게서 빼앗을 자가 없으리라."

이 점을 많은 그리스도인들이 이해하지 못합니다. 그들은 그리스도인의 생활을 한때는 기쁨으로, 한때는 슬픔으로 이어지는 변화의 연속이라고 생각합니다. 그들은 사도 바울과 같은 사람의 체험에 호소하여 얼마나 많은 고통과 슬픔과 눈물이 따르는지를 증명해 보이려 합니다. 그들은 바울이 이 끊이지 않는 기쁨을 가장 강력한 증거로 제시하는 것을 알지 못하고 있습니다. 바울은 그리스도인의 생활의 역설적인 측면 즉 같은 순간에도 세상의 모든 쓰라림과 하늘의 모든 기쁨이 조화를 이루는 사실을 이해하고 있었던 것입니다.

"슬픔 가운데서 그래도 항상 즐거워한다."

금보다 귀한 이 말씀은 그리스도의 기쁨이 세상의 슬픔을 어떻게 이기고 우리로 하여금 어려움과 낙심으로 기운을 잃고 우는 가운데서도 찬송할 수 있도록 하는지, 또 말할 수 없는 영광으로 충만한 그리스도의 기쁨을 깊이 인식하도록 하는지 가르쳐 줍니다.

그러나 한 가지 조건이 있습니다.

"내가 다시 너희를 보리니 너희 마음이 기쁠 것이요 너희 기쁨을 빼앗을 자가 없느니라."

분명하게 나타난 그리스도의 임재는 오직 기쁨을 줄 수밖에 없는 것입니다.

주님 안에 거하는 것을 자각하고 있다면 그 심령이 어찌 기뻐하고 즐거워하지 않겠습니까?

비록 죄 때문에 괴롭고 다른 사람을 위하여 애통할 때에도 주님의 구원하시는 사랑과 능력에 대한 믿음 안에서 솟아오르는 기쁨의 샘이 있는 것입니다.

주님은 그분 자신의 기쁨이 우리 안에서 충만하게 되기를 원하십니다. 우리들의 충만한 기쁨에 대해 주님은 마지막 밤에 세 번이나 말씀하셨습니다. 한번은 여기 포도나무의 비유에서 "내가 이것들을 너희에게 말함은 너희 기쁨이 충만하게 하려 함이니라"고 말씀하셨습니다. 그 포도나무의 가지가 되는 놀라운 축복을 깊이 생각할 때마다 주님의 이 말씀을 더욱 확신하게 됩니다. 그리고 주님은 그것을 응답받는 기도와 연결시킵니다(요 16:24).

> 구하라 그리하면 받으리니 너희 기쁨이 충만하리라 요 16:24

신령한 심령에게는 기도의 응답이 축복을 받는 방편이 될 뿐 아니라 그 이상의 의미를 가집니다. 그것은 하늘의 아버지와 아들과 우리가 교제하며 그 아버지와 아들이 우리를 기뻐하신다는 증표가 됩니다. 우리가 인정하심을 받았으며 아버지와 아들이 협의하여 세상의 자녀들을 매일매일 어떻게 인도하실지를 결정하시는 사랑의 교제의 음성을 듣는 증표입니다. 주님의 사랑을 나타내기를 원하며 기도의 응답 안에서 참된 영적 가치를 찾아내는 것이 그리스도 안에 거하는 생활입니다. 그리스도 안에 거함으로 하늘보좌로부터 심령 속에 내리는 사랑과 신뢰에 대한 응답은 말로 다할 수 없는 기쁨인 것입니다. "구하라 그리하면 받으리니 너희 기쁨이 충만하리라"
는 말씀이 진리임을 알게 될 것입니다. 주님께서는 대제사장
으로서 하나님 아버지께 기도하십니다.

> 이 말을 하옵는 것은 저희로 내 기쁨을 저희 안에 충만히 가
> 지게 하려 함이니이다 요 17:13

그것은 지극히 높으신 대제사장이 우리를 위하여 아버지
의 면전에 나아가는 것을 보여주며, 그분은 항상 살아계셔서
영원한 생명의 능력으로 기도하시며 복된 그분의 사역을 수
행하시고 우리에게 완전한 구원의 체험과 확신을 주시는 것
입니다.

요한복음 15장의 가르침에 따라 구하는 신자들이 그리스
도 안에 거하는 충만한 기쁨을 얻기를 원하며, 요한복음 16장
의 가르침에 따라 역사하는 기도의 충만한 기쁨을 소유하면
서 요한복음 17장까지 나아가기를 바랍니다. 거기에서 그의
기쁨을 충만케 하기 위함이라는 놀라운 중보의 말씀을 청종
케 되기 바랍니다. 그 말씀들에 귀를 기울이면서 지금도 하늘
에서 신자들을 위해 끊임없이 간구하시는 그 사랑을 배우십시
오. 또 그 간구하는 영광스러운 목표를 배워 깨닫고, 모든 것
을 이기는 그 간구가 매시간 이루어지고, 그리스도의 기쁨이
신자들 안에 충만하게 되는 것을 깨닫도록 하십시오.

그리스도 자신의 충만한 기쁨, 그분과 함께하는 기쁨은 그
리스도 안에 거하는 신자들이 받을 분깃입니다.

그러나 도대체 어찌하여 이 기쁨이 그토록 힘을 잃고 보잘 것 없는 것이 되었습니까?

그 이유는 간단합니다.

형제들이여! 그것은 하나님의 자녀들까지도 그것을 믿지 않는 까닭입니다. 그리스도 안에 거하는 것이 지금까지의 어떠한 생활보다 행복한 생활로 보이는 것이 아니라 오히려 자기 학대와 슬픔에 싸인 생활로 보이는 것입니다. 그들은 자기 학대와 슬픔의 원인이 주님 안에 거하지 못하는 데 있음을 알지 못하는 것입니다.

일단 자신들을 아낌없이 그리스도께 맡기고 그 안에 거하는 자들에게는 밝고 복된 생활이 있으며 그들의 믿음이 실현되어 주님의 기쁨이 그들의 것이 됨을 잊었기 때문입니다. 온전한 헌신으로 주님 안에 충만히 거하지 못하는 데서 모든 어려운 문제들이 생기는 것입니다.

그리스도 안에 거하기를 구하는 하나님의 자녀여!

주님께서 말씀하신 것을 기억하십시오. 포도나무의 비유 끝에서 주님은 다음과 같은 귀한 말씀을 덧붙이셨습니다.

> 내가 이것을 너희에게 이름은 내 기쁨이 너희 안에 있어 너희 기쁨을 충만하게 하려 함이니라 요 5:11

가지의 생명의 일원으로서 기쁨을 마음껏 누리십시오. 우리 심령의 모든 필요를 만족시키시는 그리스도의 풍성하심에 대한 복된 증거로서 기쁨을 확보하십시오.

기뻐하십시오.

즐거워하십시오.

기쁨이 저절로 생기며 마음속에 주님이 임재하신 말할 수 없는 기쁨이 느껴지는 때에 하나님을 찬양하고 그 기쁨을 계속 유지시켜 주시기를 간구하십시오. 느낌이 냉랭하고 기쁨의 체험이 여러분이 원하는 것 같지 않을 때에도 구속함을 받은 말할 수 없는 축복의 생활을 인해 하나님을 찬미하십시오. 여기에서도 그 말씀은 효과를 갖는 것입니다.

"너희 믿음대로 되리라."

예수님 안에 있는 다른 모든 은사를 구할 때 여러분 자신을 위해서 하지 말고 주님과 하나님 아버지의 영광을 위하여 말씀에 근거한 은사를 간구하십시오.

"너희 안에 있는 나의 기쁨."
"이는 나의 기쁨이 너희 안에 있게 하려 함이니라."
"나의 기쁨이 저희 안에 충만하였으니."

이것들은 예수님 자신의 말씀들입니다. 주님을 전적으로 그리고 마음으로 받아들이면서 주님의 기쁨을 소유하지 못한다는 것은 있을 수 없는 일입니다. 그러므로 성경은 "주 안에서 항상 기뻐하라 내가 다시 말하노니 기뻐하라"고 말합니다.

제26장 서로 사랑하라

내 계명은 곧 내가 너희를 사랑한 것같이
너희도 서로 사랑하라 하는 이것이니라 요 15:12

"아버지께서 나를 사랑하신 것같이 내가 너희를 사랑하였노라."

"내가 너희를 사랑한 것같이 너희도 서로 사랑하라."

하나님이 인간이 되셨습니다. 하나님의 사랑이 인간의 마음의 통로를 통해 흐르기 시작했습니다. 천국과 영원을 가득 채우는 사랑은 여기 지상의 생활과 그 시간 속에서 매일 나타나고 있는 것입니다.

주님께서는 말씀하십니다.

> 내 계명은 곧 내가 너희를 사랑한 것같이 너희도 서로 사랑하라 하는 이것이니라 요 15:12

주님께서 자주 계명들을 말씀하셨지만, 율법을 완성하는 사랑은 모든 계명을 포함하고 있는 것입니다. 그러므로 서로 사랑하라는 것은 주의 계명 즉 새로운 계명이라고 불리는 것입니다. 그것은 새 언약의 실체인 그리스도 예수님 안에서 계시된 새로운 생활의 능력에 대한 커다란 증거인 것입니다. 그것은 제자직에 대한 확실하고도 논박할 수 없는 증표입니다.

"이로써 모든 사람들이 너희가 나의 제자인 것을 알게 되리라."

"그들이 우리 안에서 하나가 되어 세상으로 하여금 믿게 하려 함이니라."

"곧 내가 저희 안에 아버지께서 내 안에 계셔 저희로 온전함을 이루어 하나가 되게 하려 함은 아버지께서 나를 보내신 것과 또 나를 사랑하심같이 저희도 사랑하신 것을 세상으로 알게 하려 함이로소이다."

그리스도와의 온전한 교제를 구하는 신자에게 이 계명을 지키는 것은 곧 그가 주님 안에 거하는 복된 증거가 되며 보다 온전하고 충만한 연합에 이르는 길이 되는 것입니다.

어떻게 그렇게 되는지 좀더 알아보도록 합시다. 우리는 하나님이 사랑이시라는 것과 그리스도는 이것을 교리로써가 아니라 생활로써 나타내기 위하여 오셨다는 것을 압니다. 주님의 생애는 그 놀라운 자기 비하와 자기 희생에 있어서 무엇보다도 하나님의 사랑의 화신이라고 할 수 있습니다.

또 하나님이 인간들을 얼마나 사랑하시는가를 그들이 이해할 수 있도록 인간적인 모습으로 그 사랑을 나타내 주신 사건이었습니다. 무가치하고 배은망덕한 자들을 사랑하셨을 뿐만 아니라 그 자신을 비하하셔서 인간 가운데 종으로 행하셨습니다. 또 자신을 죽음에 내어주신 그 사랑으로 주님은 단순하게 사셨으며 하나님의 마음속에 있는 그 사랑을 실천하셨습니다. 주님은 우리에게 아버지의 사랑을 보여주시기 위해 사셨고 또 죽으셨습니다.

이제 그리스도가 하나님의 사랑을 보여준 것같이 신자들은 세상에 그리스도의 사랑을 보여주어야 합니다. 신자들은 사람들에게 그리스도가 그들을 사랑한다는 것을 증명해 주어야 하며 그들을 세상에 속하지 않는 사랑으로 충만하게 해야 합니다. 그들은 주님께서 하신 대로 사랑하며 생활함으로써 그 자신을 죽음에 내어주신 사랑에 대한 영원한 증거자가 되어야 합니다. 주님께서 사람들을 매우 사랑하심으로 심지어 유대인들도 베다니에서 "보라 그가 얼마나 사랑하는지를!"이라고 외쳤던 것입니다.

그리스도인들은 사람들이 "이 그리스도인들이 서로 사랑하는 것을 보라"고 말하지 않을 수 없도록 생활해야 합니다. 매일의 교제에 있어서 그리스도인은 하나님께 대해 그리고 인간들이 볼 때에 모범이 되어야 합니다. 서로 사랑하는 데서 그리스도를 닮는 것은 그들이 어떠한 영에 속하였는지를 말해주는 것입니다. 인격과 신조가 다 다르고 언어와 지위가 다르지만, 그들은 사랑으로 서로 한 몸의 지체들이 되었다는 것을 보여주어야 합니다.

또 각자는 다른 사람들을 위해 자기를 잊고 희생하는 것을 가르쳐야 합니다. 사랑의 생활은 기독교 진리의 주된 증거가 됩니다. 그리스도인들의 사랑은 세상에 대해 하나님께서 그리스도를 보내셔서 하나님이 주님을 사랑하신 바로 그 사랑을 그들에게 널리 전하셨다는 것을 증거합니다. 기독교 진리의 모든 증거들 가운데 이것이 가장 힘있고 설득력있는 것입니다.

그리스도의 제자들이 서로 사랑하는 이 사랑은 그들이 하나님을 사랑하는 것과 모든 사람을 사랑하는 그 사이에 위치하는 것이라고 생각해 볼 수 있습니다. 그들이 서로 사랑함으로써 보이지 않는 하나님을 사랑한다는 증거를 보여주는 것입니다. 보이지 않는 자를 사랑하는 것은 상상 속의 단순한 감정에 그치기 쉬울지 모릅니다.

그러나 하나님에 대한 사랑은 하나님의 자녀들 사이의 교제에서 행동으로 나타나며 그들은 아버지께서 그렇게 하신 것처럼 그 사랑을 행동으로 보여주기 위해 부름받은 것입니다. 그렇게 함으로써만이 그 사랑이 참된 것임이 증명될 것입니다. 형제를 사랑하는 것은 마음속에 있어 보이지 않는 하나님의 사랑에 대한 뿌리에서 피어난 꽃이요, 열매입니다. 그리고 이 열매는 다시 모든 사람에 대한 사랑의 씨가 되는 것입니다.

서로 교제하는 것은 신자들이 아직 그리스도 밖에 있는 동료나 형제들을 사랑하도록 격려받고 훈련받는 것을 배우는 학교가 됩니다. 단순히 마음에 맞기 때문에 사랑하는 것이 아니라 무가치한 자들을 붙드시는 거룩한 사랑으로 사랑하는 것이며, 아무리 마음에 맞지 않는다 해도 예수님 때문에 용납하고 견디는 것입니다. 그것은 하나님만을 사랑하는 것과 모든 인간을 골고루 사랑하는 일을 연결해 주는 것으로서 선구자의 위치에 세워졌던 제자들처럼 서로 사랑하는 것입니다.

그리스도와 그분의 제자들의 교제 안에서 우리는 이 형제적 사랑의 행동법칙을 알 수 있습니다. 그의 친구들을 향하여 일흔 번씩 일곱 번이라도 용서하라고 하시는 주님의 용서와 자신을 종의 위치로 비하하시고 섬기고자 하신 주님의 온유, 한없는 인내, 무한한 겸손은 오로지 그들의 유익을 위하여 바치셨던 것입니다.

그래서 우리는 그의 계명, "내가 너희에게 행한 것같이 너희도 행하게 하려 하여 본을 보였노라"고 하신 말씀을 기쁘게 받아들입니다. 주님께서 보여주신 모범을 따라 우리 각자는 자기를 위해 살지 않고 다른 사람을 위해 사는 것입니다. 친절의 법은 혀에 있는 것입니다.

사랑은 불친절한 말은 한마디도 입 밖으로 내보내지 않겠다는 다짐이기 때문입니다. 그것은 악한 말을 거부할 뿐 아니라 생각하고 듣는 것조차 거부하며, 동료 그리스도인의 이름과 인격에 악담이 퍼부어질 때에 자기 자신에 대한 악담을 듣는 것보다 더 분개하게 됩니다. 나의 명성은 아버지께 맡겼거니와 나의 형제의 이름은 아버지께서 내게 맡기신 것이기 때문입니다. 자기 희생과 자선(선행)에서 나오는 자비, 사랑, 너그러움, 공손함 등은 그 아름답고 축복된 생활에서 신자들의 마음속에 널리 새겨진 하나님의 사랑으로 예수님의 생활에서 빛을 비추었던 것처럼 빛을 비춥니다.

그리스도인들이여! 그리스도처럼 사랑하라고 여러분을 부르신 영광스러운 부르심에 대해 여러분은 무엇이라고 하겠습니까?

그 영원한 사랑을 따라서 그 사랑을 나타내는 말할 수 없는 특권을 생각할 때 여러분의 가슴이 설레이지 않았습니까?

아니면 오히려 부르심을 받고 여러분이 올라가야 할 그 높은 완벽에 도달할 수 없음을 생각하고 한숨짓는 것은 아닙니까?

형제여! 아버지의 사랑에 대한 최고의 증표로서 몸소 보여 주신 그 행동을 보고 한숨짓지 말고 안심하십시오. 그분이 사랑 안에서 아버지와 동등하셨던 것처럼 우리들이 사랑함으로 그리스도와 같게 되도록 부르신 것입니다. 그분은 주님 안에 거하는 일과 포도나무에 대한 가르침과 긴밀히 연관하여 계명을 주셨습니다. 또 우리가 그분과 같이 사랑할 수 있으려면 오직 그분 안에 거해야만 한다는 확신을 주님께서 주신다는 것을 이해하십시오. 그리스도 안에 보다 충만히 거할 수 있게 하는 새로운 동기로서 그 계명을 받아들이십시오. 그분 안에 거하는 것은 무엇보다도 그분의 사랑 안에 거하는 것임을 잊지 마십시오. 그것은 우리의 이해를 초월하는 사랑 안에서 그 풍성함을 받고 사랑하는 것을 배우면서 매일 그 사랑 안에 기초하여 뿌리박은 생활입니다.

여러분 안에 거하시는 그리스도와 함께 성령님은 여러분의 마음속에 하나님의 사랑을 넓게 비추십니다. 그리하여 사랑할 수 없는 형제를 여러분에게서 나오는 사랑이 아니라 여러분 안에 거하는 그리스도의 사랑으로 사랑하게 됩니다. 예수께서 그 계명을 그분의 사랑과 연결시키신 것처럼 여러분도 그 사랑과 계명을 연결시키면 형제를 사랑하라는 계명은 무거운 짐이 아니라 기쁨으로 바뀝니다.

"나의 사랑 안에 거하라 내가 너희를 사랑한 것같이 서로 사랑하라."

"내 계명은 곧 내가 너희를 사랑한 것같이 너희도 서로 사랑하라 하는 이것이니라."

이로써 이제 예수께서 우리가 맺으리라고 약속하신 포도송이의 많은 열매를 가지고 다른 사람에게 그 약속의 땅은 정말 좋은 곳이라는 것을 증명할 수 있지 않겠습니까?

우리의 고향과 가정으로 가서 천국의 열심과 훌륭한 믿음의 언어인 사랑을 단순하고 정직하게 생활 속에서 실천해 봅시다. 그러면 모든 사람들이 깨달을 수 있을 것입니다. 우리들의 혈기가 예수님의 사랑의 법칙 아래서 다스림을 받도록 합시다. 주님은 우리의 혈기를 제어하실 수 있으실 뿐만 아니라 우리를 양순하고 인내심있게 만드십니다. 다른 사람을 험담하는 저주의 소리가 우리의 입술에서 나오지 않도록 주님을 신뢰함으로 그 발 아래 엎드립시다. 성내기를 거부하고 항상 용서를 구하려는 양순함으로 최선의 것을 바라고 생각하면 모든 사람들 가운데서 우리의 교제의 특성이 드러나게 되는 것입니다.

항상 남의 발을 씻겨줄 용의를 갖고 자기의 생명까지도 다른 사람을 위하여 내어주려고 힘쓰십시오. 자기 자신의 유익을 구하지 않는 사람을 예수님 안에 거하는 우리의 목표로 삼도록 합시다. 우리의 생활에서 자기의 희생을 보여주고 항상 다른 사람의 안녕과 행복을 살피며 다른 사람을 축복하는 데서 최고의 기쁨을 찾도록 합시다. 선을 행하는 거룩한 은사를 연구하고 성령님의 인도에 순종하며 배우는 자의 자세로 헌신합시다. 가장 평범했던 생활이 주님의 은혜로 하늘의 아름다움과 밝은 빛으로 변화될 수 있으며 거룩한 성품의 무한한 사랑이 우리의 연약한 인간성을 통해서 나타납니다.

그리스도 안의 형제들이여!

하나님을 찬양합시다. 예수님이 우리를 사랑하시고 하나님께서 예수님을 사랑하신 것처럼 우리는 서로 사랑하라고 부르심을 받았습니다.

"나의 사랑 안에 거하고 내가 사랑한 것처럼 사랑하라."

이것을 가능하게 하시는 하나님을 찬양하십시오. 우리 안에 새롭고 거룩한 성품을 받아 포도나무이신 그리스도 안에 거하면 보다 튼튼하게 장성하여 주님이 하신 것처럼 사랑할 수 있는 데까지 이르게 되는 것입니다. 옛 성품의 악한 것들이 발견될 때마다 또 주님의 계명에 청종하고자 하는 간절한 마음이 있을 때마다 예수님의 말씀을 기억하십시오.

"내 안에 거하라 그러면 내가 너희 안에 있으리라."
"나의 사랑 안에 거하라."

예수님의 사랑을 가지고 사랑하는 생활의 축복과 능력을 체험하면 예수님의 권고를 새로운 믿음으로 받아들이게 됩니다.

제27장 범죄하지 아니하나니

그에게는 죄가 없느니라 그 안에 거하는 자마다
범죄하지 아니하나니 요일 3:5~6

사도 요한은 "그가 우리 죄를 없이하려고 나타나신 바 된 것을 너희가 아나니"라고 말합니다. 그리고 성자 하나님이 인간이 되신 가장 큰 목적이 죄로부터의 구원이라고 가르치고 있습니다. 없이하신다는 것은 죄책으로부터의 자유와 구속을 말하는 것뿐 아니라 죄의 권세로부터의 구원을 말하며, 그리하여 신자들이 더 이상 죄를 범하지 않도록 하는 것입니다. 이 목적을 이루시는 그리스도의 능력은 그분의 거룩한 성품 안에 있는 것입니다. 그분은 죄인들이 그분 자신과의 생명의 연합에 들어오도록 허락하십니다. 그 결과로 그들의 생명이 주님의 생명과 같이 되는 것입니다.

> "그에게는 죄가 없느니라 그 안에 거하는 자마다 범죄하지 아니하나니."

신자가 주님 안에 거하는 동안 또는 거하는 만큼은 그는 죄를 짓지 않습니다. 우리 생활의 거룩은 예수의 거룩한 성품에 뿌리박고 있는 것입니다.

> 뿌리가 거룩한즉 가지도 그러하니라 롬 11:16

그렇다면 당장 다음과 같은 질문이 나올 것입니다.
이 말씀은 인간의 성품에는 항상 부패성이 있다는 성경의 가르침과 어떻게 조화를 이룹니까?
또 우리가 죄없다 하고 범죄하지 아니하였다고 말한다면

그것은 완전한 거짓 고백이 될 것이라고 가르친 요한의 가르침과 어떻게 조화를 이룹니까?(요일 1:8, 10 참조)

이 구절을 우리가 자세히 살펴 본다면 그것이 옳다는 것을 이해할 수 있을 것입니다. 8절의 "만일 우리가 죄없다 하면"과 10절의 "만일 우리가 범죄하지 아니하였다 하면"의 말씀의 차이점에 주의하십시오. 이 두 가지 표현은 같을 수가 없습니다.

8절에서 "만일 우리가 죄없다 하면"이라는 것은 10절의 "만일 우리가 범죄하지 아니하였다 하면"이라는 말씀과 같지 않습니다. 경건한 신자일수록 매순간마다 아무 선한 것이 없으며 육신 안에 죄가 있음을 고백해야 할 것입니다. 죄가 있다는 것과 범죄하였다는 것은 매우 다른 것입니다. 범죄하였다는 것은 내주하는 죄의 본성에 굴복하여 실제적으로 죄 속에 빠지는 것을 말합니다. 그러므로 모든 진실한 신자들이 인정해야 할 두 가지 사실이 있습니다.

첫째는, 그가 자기 속에 아직도 죄를 가지고 있다는 것이고 둘째는, 그 죄가 예전에는 죄의 행위로 나타났었다는 사실입니다. "나는 내 속에 죄가 없다"고 하거나 또는 "과거에 나는 범죄한 일이 없다"고 말할 수 있는 신자는 없을 것입니다. 우리가 현재 죄가 없다고 말한다거나 과거에 죄를 짓지 않았다고 말한다면 스스로 속이는 것이 될 것입니다.

그러나 현재 우리에게 죄가 있을지라도 그렇다고 해서 현재 우리가 범죄하고 있다고 고백할 필요는 없는 것입니다. 실제로 죄를 지었다고 고백하는 것은 과거를 말하는 것입니다.

요한일서 2장 2절에서 나타나는 대로 현재를 말할 수도 있겠으나 그렇게 되어서는 안 될 것입니다. 그래서 우리가 과거의 죄에 대한 깊은 고백과(마치 바울이 핍박자였던 것을 고백했던 것처럼) 현재 아직도 악하고 부패된 본성을 가진 것을 깊이 자각하는 것은 우리를 실족하지 않게 하시는 주님을 겸손하게 그러나 기쁘게 찬양하는 것과 같은 것입니다.

그러나 신자가 그 안에 이같이 심각하고 중대한 죄를 품고서, 또는 우리가 알다시피 육신이 지닌 가공할 죄의 힘을 가지고 있으면서 어떻게 죄를 짓지 않을 수 있겠습니까?

죄를 가지고 있는 신자가 범죄하지 않을 수 있겠습니까?

그 대답은 "그에게는 죄가 없느니라 그 안에 거하는 자마다 범죄하지 아니하나니"입니다. 그리스도 안에 밀접하고 계속적으로 거하게 될 때 우리 심령은 매 순간 우리를 지키시는 자이신 주님과의 온전한 연합 안에서 살게 됩니다. 주님은 참으로 우리의 옛 본성의 세력을 억제해 주셔서 그것이 다시 우리의 심령을 지배하지 못하도록 하십니다. 우리가 주님 안에 거하는 데에도 단계가 있음을 알게 됩니다.

주님과 동행하는 생활이 보잘것없고 계속적인 것이 되지 못하여 죄가 끊임없이 세력을 얻어 심령을 지배하게 되는 그리스도인들이 많습니다. 우리의 믿음은 "죄가 너희를 다스리지 못할 것이다"라는 거룩한 약속을 받고 있는 것입니다. 그러나 그 약속과 함께 "죄가 너의 썩어질 육체를 주장하지 못하게 하라"는 명령이 주어진 것입니다. 충만한 믿음을 가지고 그 약속을 바라보는 신자는 그 계명에 순종할 능력을 가지며 죄가 그 지배력을 휘두르지 못하게 됩니다. 약속에 대한 무지, 불신, 태만 등은 죄가 다시 들어오게 되는 통로가 되는 것입니다. 그래서 우리는 많은 신자들의 생활에서 끊임없이 넘어지고 범죄하는 경로를 볼 수가 있습니다. 신자가 무죄하신 예수님 안에 영원히 거하도록 온전한 인정함을 받을 때에는 그리스도의 생명이 실제로 죄를 범하는 것으로부터 막아주십니다.

> "그에게는 죄가 없느니라 그 안에 거하는 자마다 범죄하지 아니하나니."

예수께서는 진실로 죄에서 신자를 구원하시되 신자의 죄악된 본성을 없애버리심으로 그렇게 하시는 것이 아니라 그로 하여금 그 죄악된 본성에 굴복하지 못하게 하심으로써 죄를 짓지 않게 하십니다.

나는 어린 사자를 겁주거나 얌전하게 만드는 것은 오직 그 주인의 눈빛이 아니면 안된다는 글을 읽은 적이 있습니다. 그 주인과 함께라면 여러분도 그 사자에게 가까이 갈 수 있으며 사자는 주인의 발 앞에 엎드려 있게 됩니다. 그러나 피에 굶주려 있는 그의 본성이 전혀 바뀐 것은 아닙니다. 주인과 함께 있는 동안은 여러분은 사자의 목을 발로 건드릴 수도 있을 것입니다. 주인 없이 여러분 혼자 사자에게 접근하는 것은 즉각적인 죽음을 뜻합니다.

바로 이것이 신자에게 죄가 있을 수는 있으나 범죄할 수 없다는 사실을 잘 설명해 주는 예가 될 것입니다. 하나님을 원수같이 대적하는 육신의 악한 본성이 바뀌어진 것은 아니지만 예수님이 임재하여 동거하심으로 그 본성을 제어하십니다. 신자들은 믿음으로 그 자신을 주님의 보호하심에 맡기며 하나님의 아들의 내주하심에 맡기는 것입니다. 그는 주 안에 거하는 일까지도 예수님에게 의존합니다. 그 교제와 연합은 거룩한 생활의 비결인 것입니다.

"그에게는 죄가 없느니라 그 안에 거하는 자마다 범죄하지 아니하나니."

이제 또 한 가지 질문이 생기게 됩니다. 죄 없으신 자 안에 온전히 거함으로 죄를 짓지 않을 수 있음을 인정한다 해도 과연 그렇게 거하는 일이 가능하겠습까?

우리가 그리스도 안에서 그렇게 거하기를 바란다고 해서 단 하루라도 실제로 죄를 짓는 것에서 벗어날 수 있겠습니까?

그러나 그 질문을 공정하고 올바르게 취급한다면 그 질문 자체가 그 대답을 암시해 줄 것입니다.

그리스도가 우리에게 그 안에 거하라고 명령하시며 아버지의 영광을 위해 풍성한 열매를 맺게 하실 것을 약속하실 때 바로 가지와 포도나무의 건강하고 밝고 온전한 연합을 약속하신 것이 아니겠습니까?

온전한 연합 이외에 다른 것을 의미하실 수 있었겠습니까?

이러한 방법으로 죄로부터 구원받는 것이 주님께 영광을

돌리는 것이 아닐까요?

우리는 항상 죄악된 본성을 의식함으로 그 전율할 능력에 대해 알고 주의하고 대처해야 합니다. 그래서 우리가 매일 겸손하게 되고 무력함을 느끼면서 오직 주님의 임재만이 그 사자를 잡아둘 수 있다는 것을 기억하고 주님만을 신뢰하며 의지하게 됩니다. 예수께서 "내 안에 거하라 그러면 내가 너희 안에 있으리라"고 말씀하실 때 그분은 우리가 세상과 그 환난에서 자유로울 수는 없으며 또 죄악된 본성과 그 유혹에서 벗어날 수는 없음을 의미하신 것입니다. 그러나 최소한 우리에게 확보된 이 축복 즉 오직 주님 앞에 충만히 거하는 은혜를 받을 수 있음을 말씀하신 것입니다.

사랑하는 그리스도인들이여!

그 본문의 약속이 너무 고상하게 보인다 해도 나는 조금도 놀랍게 생각하지 않습니다. 여러분의 전 생애를 통해 또는 오랫동안 죄를 짓지 않고 지내는 것이 가능할까 하는 생각으로 여러분의 주의력이 산란해지지 않기를 나는 기도합니다. 믿음은 오직 현재의 일만을 취급해야 하는 것입니다.

여러분은 차라리 다음과 같은 질문을 기다려야 합니다.

내가 주님 안에 거하면 예수님께서 지금 나의 매일의 생활에서 오점과 걱정이 되고 있는, 실제로 죄를 짓는 모든 문제에서 벗어나게 해주실 수 있을까?

여러분은 물론 주님은 하실 수 있다라고 대답할 수밖에 없을 것입니다. 지금, 이 순간 주님을 받아들이고 "지금도 예수님이 나를 지키시네. 지금도 예수님이 나를 구원하시네"라고 말하십시오. 주님을 향하여 진지하게 동행하도록 지켜주실 것을 믿는 마음으로 자신을 굴복시키십시오. 주님 자신이 여러분 안에 거함으로 다음 순간에도 계속해서 이 믿음이 새롭게 되어 그분 안에 거할 수 있을 것입니다.

여러분의 생활 가운데 기회가 있을 때마다 지금도 예수님이 여러분을 지키시며 여러분을 구원하신다는 사실을 굳게 붙잡음으로써 여러분의 믿음을 새롭게 하십시오. 죄와 실패가 여러분을 낙심케 하기보다는 무죄하신 자 안에 거하도록 여러분을 더욱 격려하는 계기로 삼으십시오. 여러분이 당장이라도 온전히 헌신하기를 원하고 점증하는 기대를 가지고 그것을 지켜나간다면 동행하는 생활은 여러분이 그분 안에서 놀랍게 자랄 수 있는 은혜가 될 것입니다.

여러분을 주님 안에 거하도록 하고 또 죄를 짓지 못하도록 역사하시는 그분의 사역을 받아들이십시오. 주님 안에 거하는 것은 실제로 여러분의 일입니다. 그러나 포도나무로서 가지를 지탱하고 열매를 맺게 하는 것은 주님의 일인 것입니다. 주님께서 여러분이 주님과 동참하는 자가 되도록 준비시키는 데 있어서 그분의 거룩한 인성 속에는 죄를 멀리하도록 하는 것 이상의 것이 있습니다. 그것은 곧 죄악을 억제하는 일입니다. 이제 우리는 성결하고 성화된 그릇이 되어 주님의 충만함으로 채워진 큰 축복을 받아 주님의 능력과 축복과 영광을 나타내는 통로가 되는 것입니다.

특주: 매일 죄를 짓는 일은 불가피한 것인가?

우리가 그 사랑이 무한하시고 자기를 비하하신 주님을 소유했음에도 불구하고 그렇게 자주 두려움과 낙심에 빠지는 것은 어떤 연고입니까?

하나님의 우편에 앉아계시며 믿음의 주인이 되시고 완성자가 되시는 예수님을 똑바로 바라보지 못하기 때문에 우리는 마음으로 근심하고 지쳐있는 것입니다.

주님은 하늘과 땅을 다스리는 전능하신 주님이요, 그분의 연약한 성도들을 강하고 담대하게 붙드시는 주님이십니다. 우리가 우리의 연약함을 생각하는 동안은 주님의, 모든 것을 이루시는 전능하신 능력을 잊고 있는 것입니다. 우리가 그리스도와 떨어져 있음을 인정하는 한 우리는 아무것도 할 수 없습니다. 우리는 그리스도인이 가지는 겸손의 깊이와 고상함에 다다르지 못하고 있는 것입니다. 내게 능력주시는 그리스도를 통해 나는 모든 것을 할 수 있습니다. 우리가 단지 죄의식을 떨어버리기 위하여 예수님의 죽으심의 능력을 의지한다면 매일의 생활에서 죄의 권세와 속박에서부터 구해주시는 살아 계시는 주님의 전능하심을 믿는 믿음을 행사하지 못하는 것입니다.

건전하고 주님을 올바로 의지하는 신앙은 매일의 생활 속에서 죄를 이기고 자유를 얻게 하시는 능력을 믿는 것입니다. 우리는 그리스도가 우리 안에서 힘있게 역사하신다는 것과 우리는 그분과 하나이며 그래서 우리가 모든 시험을 이길 수 있는 충분한 능력을 가졌다는 사실을 잊어버리고 있습니다. 우리는 우리가 아무것도 아닌 무능한 존재들이라는 사실을 잊어버리고 매일 생활에서 죄를 짓지 않고 살 수 있다고 생각합니다. 또 생활 속에서의 시련과 그 임무를 우리 힘으로 견디며 수행해야 하는 것으로 생각합니다. 그러나 우리가 모든 것을 그 자신 아래 복종시킬 수 있는 예수님의 전능하심을 의지하지 않고서는 우리 자신을 매일의 죄와 불가피하다고 생각하기 쉬운 타락으로부터 지킬 수가 없는 것입니다.

우리가 항상 모든 것을 참으로 그리스도에게 의탁한다면, 모든 것에서 능력이 무한하실 뿐만 아니라 아버지께서 우리 구원의 대장으로 임명하신 주님을 통해 승리를 얻을 것입니다. 그때 우리의 모든 행위가 단지 하나님 앞뿐만 아니라 하나님 안에서 완전하게 될 것입니다. 그때는 우리가 모든 일을 우리의 거룩이 되시는, 전능하시고 능력있는 예수님의 이름으로 아버지의 영광을 위해 할 것입니다.

우리는 주님에게 하늘과 땅의 모든 권세가 주어졌음을 기억하고 주님의 능력 안에서 믿음을 끊임없이 나타내면서 살아야 합니다. 우리는 무능하고 아무것도 가진 것이 없으며 아무것도 아닌 존재라는 것을 믿어야 합니다. 우리 안에는 열매를 맺을 수 있는 생명이 없으나 그리스도는 모든 것이 되시며 우리가 그분 안에 거함으로써 인간에게는 불가능한 것을 해낼 수 있는 것입니다. 또 그 말씀이 우리 안에 거함으로 우리가 아버지의 영광을 위하여 열매를 맺을 수 있는 것입니다.

- 아돌프 사피르(Adolph Saphir)의 설교, 『그리스도와 교회』 중에서

제28장 담대하라

그에게는 죄가 없느니라 그 안에 거하는 자마다
범죄하지 아니하나니 요일 3:5~6

진실한 그리스도인들 가운데서 자신들이 전적으로 연약하다는 것은 일반적으로 받아들여지는 사실입니다. 또한, 이 사실만큼 일반적으로 오해되고 오용되고 있는 것도 없습니다. 다른 문제에서도 그렇지만 여기에서도 하나님의 생각은 인간의 생각보다 무한히 높으십니다.

그리스도인은 때로 그의 연약성을 잊어버립니다. 그러나 하나님은 우리가 그 사실을 기억하고 깊이 자각하기를 원하십니다. 그리스도인들이 그의 연약성을 정복하고 거기에서 벗어나기를 원하십니다. 그리스도인들은 그들의 연약함을 한탄합니다. 그리스도는 그분의 종에게 다음과 같이 말하라고 가르치셨습니다.

> 이러므로 도리어 크게 기뻐함으로 나의 여러 약한 것들에 대하여 자랑하리니 고후 12:9

그리스도인들은 그들의 연약함을 하나님을 섬기는 생활을 하는 데 있어서 가장 큰 장애물로 생각합니다. 그러나 하나님은 우리에게 연약함은 성공과 능력의 비결이라고 말씀하십니다. 우리의 연약성을 마음 깊이 받아들여 끊임없이 자각함으로 우리에게 "이는 내 능력이 약한 데서 온전하여짐"이라고 말씀하신 주님의 능력을 가까이하게 되고 그 능력을 받게 됩니다.

우리 주님이 승천하셔서 그분의 보좌에 앉으시려 할 때 그분의 마지막 말씀들 중의 하나는 "하늘과 땅의 모든 권세를 내게 주셨으니"였습니다. 하나님의 능력의 오른팔에 그분의 자리를 차지하시는 것이 무엇인가 새롭고 참된 것인 것처럼 — 이것은 신인(神人)의 역사에 있어서 진정한 진보였다 — 모든 권능으로 옷 입는 것도 마찬가지입니다. 인간으로서의 예수 그리스도는 이제 권능을 위임받았으며 거기에서부터 인간성의 통로를 통하여 그 능력은 막대한 에너지를 발휘하는 것입니다. 여기에서 주님은 그분이 받기로 되어 있는 이 계시와 그분의 제자들이 그 능력 안에서 부여받을 그 약속을 연결시키십니다.

> 내가 승천한 후에 너희들은 하늘나라로부터 권능을 받으리라 눅 24:49; 행 1:8 참조

신자들은 그의 생활과 사역을 위한 힘을 전능하신 주님의 능력 안에서 얻어야 합니다. 주님의 제자들도 마찬가지였습니다. 십 일 동안 예배하면서 그분의 보좌 발등상에서 기다렸습니다. 그들은 주님을 구세주로 믿는 믿음을 나타내 보였으며 또 그들의 주님으로서 찬양을 드렸습니다. 또 그들의 친구로서 사랑을 보였으며 그들의 주인으로 헌신하고 그분을 위해 일할 각오를 보여주었습니다.

예수 그리스도가 그들의 기쁨과 사랑과 생각의 유일한 대상이요, 목표였습니다. 이렇게 믿음으로 드리는 예배와 심령을 바치는 일은 보좌 위에 계신 주님과 친밀한 교통을 하는 데까지 이르게 되어 그들이 준비가 되었을 때 능력의 세례가

임했던 것입니다. 그것은 내부에서 우러나오는 능력이요, 자기를 둘러싸고 있는 능력이었습니다.

그 능력은 그들이 스스로 헌신할 그 사역을 감당하도록 하기 위해 임했습니다. 그들은 생활을 통해 증거를 나타내고, 그들이 보이지 않는 주님께 기도함으로 헌신을 나타냈습니다. 어떤 이들에게 간증은 주로 거룩한 생활에 대한 것으로 천국을 나타내고 거룩한 생활을 하게 하신 그리스도를 보여주는 것이었습니다. 그들 안에 천국을 세우고 죄와 자신을 이기도록 능력이 임했습니다. 또 보좌에 계신 예수님의 능력을 증거하기 위해 살아있는 체험을 하며 또 사람들을 성도들과 같은 세계에서 살도록 하기 위해 능력이 임했습니다.

다른 사람들은 예수님의 이름으로 말하기 위해 전적으로 자신을 포기한 사람들이었습니다. 그들 모두가 능력을 받아야 했었고 또 받았습니다. 예수께서 아버지의 나라를 받아 하늘과 땅의 모든 권세가 그분에게 주어졌습니다. 그러므로 거룩한 생활과 능력 있는 생활에 있어서 그것은 그분의 백성들에게는 필요한 것을 공급해 주시는 증거가 되었습니다.

그들은 능력의 선물을 받아 그들이 속해 있는 하나님의 나라가 말에 있지 않고 능력에 있음을 세상에 나타내는 것입니다. 내면적인 능력을 소유함으로 그들의 주변과 밖으로 능력을 나타내 보입니다. 하나님의 능력은 그들 자신을 아직까지도 그 능력에 맡기지 못한 자들까지도 느낄 수가 있는 것입니다(행 2:43; 4:13; 5:13).

예수님과 그분의 제자들과의 처음 관계는 바로 우리와 주님과의 관계인 것입니다. 예수님은 그분의 열두 제자에게 하셨던 것과 똑같이 우리들을 대해 주십니다. 제자들로서의 우리의 전 생활과 부르심은 그 근거를 그 말씀 안에서 찾을 수 있습니다. 그것은 "하늘과 땅의 모든 권세를 내게 주셨으니"라고 하신 말씀입니다.

주님이 우리 안에서 우리를 통해 전능하신 능력으로 일하십니다. 그분이 요구하시고 주장하시는 바를 친히 그 능력으로 이루십니다. 그분이 주신 모든 것은 그 능력과 더불어 주시는 것입니다. 그분이 베풀어주신 모든 축복과 은혜, 그분이 이루시는 모든 약속 등은 그 능력과 함께해야 하는 것입니다. 권능의 보좌에 앉아계신 예수님으로부터 나오는 모든 것들은 그 능력의 인침을 받은 것들입니다.

아무리 연약한 신자들도 많은 열매를 맺고 거룩함으로 자라도록 죄로부터 지켜주실 것을 기도할 때 예수님으로부터 나오는 모든 것들이 능력의 인침을 받았다는 사실을 확신하게 될 것입니다. 신자는 그분의 소원이 거룩한 능력으로 이루어지기를 기대할 것입니다. 그 능력은 예수님 안에 있습니다. 예수님의 모든 풍성함이 곧 우리의 것입니다. 그 지체인 우리들 안에서 그 능력이 역사하고 나타나는 것입니다.

그 능력이 어떻게 주어지는가에 대한 대답은 간단합니다. 그리스도는 우리 안에 그의 생명을 통해 능력을 주십니다. 많은 신자들은 주님께서 성도들의 연약한 생활을 받지 않으시며 힘껏 노력하는 그들에게 충분한 힘을 주시지 않는다고 잘못 생각합니다.

그러나 사실은 그렇지 않습니다. 주님은 자신의 생명을 주심으로써 그분의 능력을 우리에게 주십니다. 성령님은 높임을 받으신 주님의 마음으로부터 직접 제자들에게 찾아오셔서 주님께서 들어가신 영광스러운 하늘의 생활로 인도하십니다. 그래서 주님의 백성들에게 주님과 그 전능하신 능력 안에서 담대하라고 가르치십니다. 그들의 연약함을 느끼는 생각을 없애 버리시므로 담대하게 하는 것이 아니라 오히려 거기에서 힘을 느끼도록 해주십니다. 결코 신자가 연약함을 자각하는 마음을 없이하시지 않습니다. 그러나 아주 놀랍고 신비한 방법으로 오히려 무력감을 더 크게 하심으로 주 안에서 신자의 마음속에 담대함을 주시는 것입니다.

> 우리가 이 보배를 질그릇에 가졌으니 이는 능력의 심히 큰 것이 하나님께 있고 우리에게 있지 아니함을 알게 하려 함이라 고후 4:7

그 연약함과 담대함은 서로 병행하는 관계입니다. 연약함을 깊이 느낄수록 담대함도 커지게 됩니다. 그래서 드디어 신자들은 이 말씀을 이해하게 됩니다.

> 이러므로 도리어 크게 기뻐함으로 나의 여러 약한 것들에 대하여 자랑하리니 이는 그리스도의 능력으로 내게 머물게 하려 함이라. 그러므로 내가 그리스도를 위하여 약한 것들과 능욕과 궁핍과 핍박과 고난을 기뻐하노니 이는 내가 약할 그

때에 곧 강함이니라 고후 12:9~10

주님을 믿고 따르는 제자들은 보좌에 앉으신 그리스도를 그들의 생명으로 바라보는 것입니다. 그는 그 무한한 완전성과 순결성 그리고 그 영광과 능력에 있어서 그 생명을 추구하는 것입니다. 그것은 영화롭게 된 사람 가운데 거하는 영원한 생명인 것입니다. 그리고 그는 그 자신의 내적 생명을 생각하며 거룩함을 사모함으로 하나님을 기쁘시게 하는 삶을 살면서 기뻐합니다. 또 아버지의 일을 할 수 있는 능력을 사모하면서 그리스도가 그의 생명이 되심을 바라보고 즐거워하는 것입니다.

그는 확실하게 주님의 생명이 그 안에서 그가 필요한 모든 것을 능력있게 할 것을 기대합니다. 작은 일이나 큰일에서나 매순간 죄에서 벗어나게 지키시고 시험이나 어려움과 싸우는 가운데 그리스도의 능력은 그의 기대를 훨씬 넘어서는 것입니다. 그는 아주 기쁘고 복된 삶을 살아갑니다. 그것은 그가 더 이상 연약하지 않기 때문이 아니고 철저하게 무력한 것을 느껴 능력 있는 구주께서 그 안에서 역사하시도록 기대하고 맞아들였기 때문입니다.

이러한 사실들이 실제 생활에서 가르쳐준 교훈들은 단순하지만 매우 귀중한 것들입니다.

첫 번째는, 우리의 모든 능력은 그리스도 안에 쌓여 있고 사용되기를 기다리고 있다는 것입니다. 그것은 주님 안에 예비된 능력있는 생명으로 향한 통로로부터 흘러나오는 것입니다. 그 흘러나오는 것이 강하든지 약하든지 그것에 대한 우리의 체험이 어떤 것이든지 그 생명은 그리스도 안에 있는 것입니다.

왜냐하면, 하늘과 땅의 모든 권세는 그리스도에게 주어졌기 때문입니다. 이 점에 대해 연구해 볼 시간을 갖도록 합시다. 그리하여 아버지께서 모든 권세를 주신 예수를 온전한 구주로 받아들입시다. 주님에게 이러한 권세가 주어졌으므로 그분은 우리의 필요를 채우시기에 적합한 분이 되십니다. 즉 주님에게는 세상의 모든 권세를 지배할 뿐 아니라 우리의 생활과 마음속에 있는 세력을 지배하는 하늘의 모든 권세가 있습니다.

두 번째는 이것입니다. 곧 우리가 주님과 밀접하게 연합하여 그분 안에 거함에 따라 이 능력이 우리에게 흘러들어옵니다. 그 연합이 아직 연약하고 그것을 소홀히 하여 우리의 것으로 만들지 못했다면 그 능력도 보잘것없을 것입니다. 우리의 최고선으로서 그리스도와의 연합을 즐기며 그것을 위해 모든 것을 희생할 때는 주님의 능력이 우리의 연약함 가운데서 온전하게 되는 역사가 일어날 것입니다.

"그의 힘이 우리의 연약함 가운데서 온전케 되리라."

우리의 유일한 의무는 주님과 그분의 능력 안에서 담대하게 되는 것입니다. 우리의 믿음을 크게 성숙시키고 믿는 자 안에 있는 하나님의 위대한 능력에 대한 의심을 말끔히 씻어버립시다. 또한, 높임을 받으시고 다시 사시고 모든 원수를 이기신 주님의 그 능력에 대해 확실한 깨달음을 가져야 할 것입니다.

> 그의 힘의 강력으로 역사하심을 따라 믿는 우리에게 베푸신 능력의 지극히 크심이 어떤 것을 너희로 알게 하시기를 구하노라 엡 1:19

우리의 믿음이 하나님의 놀랍고 복된 섭리를 받아들이는 것이 되도록 합시다. 우리 자신의 연약성에도 불구하고 그리스도 안에 있는 모든 능력을 마치 우리 안에 있는 것처럼 확실히 얻을 수 있는 것으로 생각합시다. 믿음을 통하여 우리 자신의 생명으로부터 매일 그리스도의 생명으로 들어감으로 우리의 전 존재가 주님의 계획 아래 있어 주님이 우리 안에서 역사하시도록 합시다.

무엇보다도 주님께서 모든 행동에 있어서 그분의 전능하신 능력으로 우리 안에서 주님의 일을 이루실 것을 확실히 믿고 즐거워합시다. 이같이 우리가 그리스도 안에 거함으로 성령 즉 그분의 능력의 영이 우리 안에서 힘있는 역사를 이루실 것이며 다음과 같이 노래할 것입니다.

> 여호와는 나의 힘이요 노래가 되시니 여호와 안에서 내가 의와 힘을 얻으리라

> 내게 능력 주시는 자 안에서 내가 모든 것을 할 수 있느니라 빌 4:13

제29장 내 속에는 선한 것이 없으니

내 속 곧 내 육신에 선한 것이
거하지 아니하는 줄을 아노니 롬 7:18

주님 자신 안에서 생명을 소유하는 것은 하나님 아버지께서 생명을 주신 그 아들만의 특권입니다. 피조물 자체에서 생명을 구하지 않고 하나님 안에서 생명을 구하는 것은 피조물에게는 최고의 영광입니다. 그 자신 안에서 그 자신을 향해 사는 것은 어리석은 일이며 악한 인간의 죄책입니다. 그리스도 안에서 하나님을 향해 사는 것은 신자의 축복입니다. 자신의 생명을 부인하고 미워하고 버리고 잃어버리는 것이 믿음 생활의 비결입니다.

"내게 사는 것은 내가 아니요 내 속에 있는 그리스도시니라 오직 내게 하나님의 은혜가 함께하시니."

이것은 그 자신의 생명을 버리는 일이 무엇인가를 발견하고 우리 안에 그리스도의 복된 생명을 받은 자들의 개인적인 간증입니다. 그리스도 안에 거하는 생활에 이르는 참된 길은 바로 주님께서 우리보다 앞서 죽음을 통과하여 가신 그 길입니다.

그리스도인의 생활을 처음 시작할 때는 대부분이 이 사실을 미처 알지 못합니다. 죄용서를 받은 기쁨 안에서 그들은 그리스도를 위해 살아야 할 것을 느끼며 그렇게 살 수 있도록 하나님의 도우심을 의지합니다. 그들은 아직도 하나님께 대항하는 가공할 원수가 육신이라는 사실을 모르며 신자 안에서도 육신이 하나님의 법 아래 복종하는 것을 절대적으로 거부하고 있다는 사실을 모르는 것입니다. 그들은 우리 본성에 속한 모든 것을 절대적인 죽음에 완전히 굴복시키는 것만이 우리 안에 하나님의 생명이 나타나게 할 수 있다는 사실을 아직 모르고 있는 것입니다. 그러나 실패의 쓰라린 체험을 통하여 그들은 자신들이 그리스도의 구원하시는 능력에 대해 지금까지 알았던 지식이 불충분하다는 것을 곧 깨닫게 될 것입니다. 그래서 마음속 깊이 주님을 보다 잘 알고 싶어 하게 됩니다.

자비로우신 주님은 그들에게 십자가를 지적하십니다. 주님은 자신의 죽으심을 속죄의 죽음으로 믿는 자들에게, 생활의 목표를 찾았으니 보다 더 풍성한 체험에 들어가라고 말씀하십니다. 주님은 그들이 진정 그분이 마시는 잔을 마시고자 한다면 자기와 함께 십자가에 못박히고 함께 죽을 것을 요구하십니다. 주님은 그들이 주 안에서 이미 죽고 십자가에 못박혔다고 가르치십니다. 그들이 모든 것을 다 알고 깨닫지는 못할지라도 회개했을 때 그들은 이미 그분의 죽음에 동참하는 자가 된 것입니다.

그러나 그들에게 지금 당장 필요한 일이 있습니다. 그것은 그들이 충분히 이해하기 전에라도 그들에게 이미 주어진 사실을 그리스도와 함께 죽겠다는 그들 자신의 선택 행위에 의해 의식적으로 받아들이는 일입니다. 그리스도의 이 요구는 말할 수 없는 엄위하신 요구 중의 하나입니다. 많은 신자가 거기에서 위압감을 갖고 물러섭니다. 그는 그것을 잘 이해할 수가 없는 것입니다. 그는 끊임없이 실족하는 형편없는 생활에 익숙해져 있었으므로 구원을 기대하기는커녕 바라지도 못하는 것입니다.

예수님께 대한 온전한 순종, 주님의 사랑 안에서의 계속적인 교제, 거룩함 등이 그의 신조의 분명한 조목이 될 수 없는 것처럼 보입니다. 죄로부터 아주 멀리 벗어나도록 지켜주시며 주님과 되도록 밀접한 연합에 이르기를 간절히 바라는 마음이 없는 곳에서, 주님과 함께 십자가에 못박혔다는 생각이 발붙일 곳을 잃게 됩니다. 십자가에 못박히는 것을 생각하면 수치와 고통만이 연상됩니다. 그런데 이런 부류의 사람도 예수께서 십자가를 지시고 그것으로 인해 그가 원했던 면류관을 얻었던 사실을 인정하는 사람은 많습니다.

그러나 참으로 그리스도 안에 충만히 거하기를 구하는 신자에게는 십자가가 얼마나 다른 모습으로 보이겠습니까?

전적인 헌신에서나 단순한 신뢰에서나, 신자는 쓰라린 체험을 통해 동행하는 생활의 최대 원수는 자아라는 것을 배우게 될 것입니다. 자아는 그 자체의 의지를 포기하기를 거부할 것입니다. 그러므로 자아가 하는 일은 하나님의 일에 장애가 됩니다. 이 자아의 생명이 그 의지의 작용과 더불어 그리스도의 생명으로 바꾸어져 주님의 뜻과 역사로 변화되지 않으면 주님 안에 거하는 일은 불가능할 것입니다. 십자가에 죽으신 주님께서 엄숙하게 물어보실 것입니다.

"너는 자아를 기꺼이 죽음에 내어주려 하느냐?"

하나님으로부터 나서 살아있는 여러분 자신은 이미 죄에 대해서는 죽었고 하나님께 대해서는 산 것입니다.

그러나 이제 이 죽음의 권세 안에서 여러분의 지체를 죽이며 자아가 완전히 죽음을 당할 때까지 십가가의 죽음에 자신을 전적으로 맡길 각오가 되어 있습니까?

이 질문은 우리의 마음속을 꿰뚫는 것입니다.

옛 자아는 더 이상 발언권이 없다고 고백할 수 있겠습니까?

그리하여 아무리 자연스러운 생각일지라도 아무리 만족스러운 한 가닥의 감정일지라도 옛 자아에게는 더 이상 허락되어서는 안된다고 말할 수 있습니까?

아무리 올바른 한 가지의 소원이나 작용이라 할지라도 옛 자아에게는 더 이상 허락되어서는 안된다고 말할 각오가 되어 있습니까?

이것이 바로 주님께서 참으로 요구하시는 것이겠습니까?

우리의 본성은 하나님이 지으신 것이 아닙니까?

우리의 자연적 능력은 주를 위해 봉사하도록 성화되어질 수는 없는 것입니까?

물론 그럴 수 있으며 참으로 그렇게 되어야 합니다. 그러나 여러분은 아직도 그것들이 성결하게 될 수 있는 유일한 길이, 자아의 세력 아래서부터 벗어나와서 그리스도의 생명의 능력 아래로 들어오는 데 있음을 깨닫지 못하고 있는지도 모릅니다. 여러분이 구속을 진지하게 바라고 있으며 참으로 구속받은 사람일지라도 스스로 그리스도의 생명의 능력 아래로 들어올 수 있다고 생각지 마십시오. 결코 그럴 수 없습니다.

여러분이 죽음으로부터 살아난 자로서 자신을 헌신하여 하나님의 제단에 희생으로 드릴 때(롬 6:13; 12:1) 재능, 은사, 소유 등 여러분의 본성의 각 능력들이 주 앞에 참으로 성결하게 되며, 자아와 죄의 세력에서 분리되어 제단에 바쳐지게 됩니다. 그것은 자아를 죽임으로써 하나님께서 여러분에게 그를 섬기는 데 알맞도록 주신 놀라운 능력이 여러분을 자유롭게 하는 것입니다. 또 하나님께 온전히 드려서 받으실 만한 거룩하고 쓸모있는 제물이 되게 하는 것입니다.

여러분이 육신 안에 있는 동안은 자아가 죽었다고 말할 수 없으며, 그리스도의 생명을 충만히 소유했을 때 드디어 십자가에 못박힌 자리에 자아가 처리됩니다. 또한, 그때 자아는 죽음의 선고를 받아 사망이 더 이상 한순간이라도 여러분을 지배하지 못하는 것입니다. 예수 그리스도는 여러분의 제2의 자아입니다.

신자들이여! 여러분이 그리스도 안에 거하려면 여러분 자신이 자아로부터 영원히 떠나서 다시는 한순간이라도 자아가 들어오지 못하게 하십시오. 또 철저한 각오로써 자아가 여러분의 내적 생활 안에서 힘을 쓰지 못하게 하십시오. 여러분이 전적으로 자아로부터 벗어난다면 예수 그리스도는 여러분 안에서 생명이 되어 여러분의 모든 생각과 느낌과 행동과 영적인 일이나 육신적인 일들에 영감을 주며 그 모든 것을 기꺼이 책임져 주십니다. 생명이라는 단어의 가장 넓고 충만한 의미에 있어서 주님은 여러분의 생명이 되시며 매일의 생활 속의 수천 가지 일과 중에 가장 사소한 부분에까지 그분의 관심과 영향을 미치십니다.

주님은 그 대신에 한 가지를 요구하십니다. 자아와 그 생명으로부터 그리스도와 그 생명 안에 거하라는 것입니다. 주님의 거룩한 임재의 능력이 옛 생활을 쫓아버릴 것입니다. 이러한 목적을 위해서는 지금 곧 영원히 자아를 포기해야 합니다. 약점을 이기지 못할 것이라는 두려움 때문에 아직껏 엄두를 못냈다면 그분의 생명이 여러분의 옛 생활을 대신해 주시겠다는 그리스도의 약속을 바라보고 지금 당장 실행해 보십시오. 아직 자아가 죽지 않았을지라도 여러분이 자아에 대해서는 진실로 죽었다고 느끼도록 노력하십시오. 자아는 강하고 아직도 살아있으나 더 이상 여러분에게 어떤 힘을 행사하지 못합니다.

다시 새롭게 된 여러분의 본성과 그리스도 안에서 죽음으로써 다시 낳은 새로운 자아는, 진실로 죄에 대해서는 죽었으며 하나님께 대하여는 산 것입니다. 그리스도 안에서 죽음으로 여러분은 자아의 지배로부터 완전히 벗어나 자유롭게 됩니다. 여러분이 무지로 인해, 혹은 경성하지 않음으로, 혹은 불신앙 때문에 이미 권위를 찬탈당해버린 자아의 세력에 자신을 내어주지 않는 한 자아는 여러분에게 더 이상 아무런 힘도 행사하지 못합니다.

여러분이 그리스도 안에서 획득한 진실되고도 영광스러운 위치를 믿음으로 그저 받아들이기만 하십시오. 그리스도 안에서 자아에 대해 죽고 새 생명을 가짐으로 자아의 지배로부터 벗어나 주님의 거룩한 생명을 받은 사람은 생활의 원리를 활성화시키고 영감을 받아 담대하게 주님과 함께 여러분 원수의 목덜미를 짓밟아 버립니다.

용기를 가지고 믿기만 하십시오. 두려움 없이 결정적인 발걸음을 내딛고 여러분이 자아를 포기하여 한꺼번에 죽음에 넘겨주었다는 것을 담대하게 말하십시오. 이것을 위해 그리스도께서 십자가에 돌아가셨습니다(롬 6:6). 십자가에 달리신 자 곧 예수께서 십자가에 자아를 붙들어 주시도록 그분을 신뢰하고, 여러분 속에 있는 그 자아의 자리에다 주님 자신의 부활한 생명을 채우십시오.

이러한 믿음을 가지고 그리스도 안에 거하십시오. 주님께 매달리십시오. 그분 안에서 안식을 얻으십시오. 주님께 소망을 두십시오. 여러분의 헌신을 매일같이 새롭게 하십시오. 여러분은 폭군으로부터 해방된 자로서 여러분의 위치를 매일 새롭게 하며 이제는 오히려 정복하는 자가 됩니다. 원수인 자아를 매일 신령한 두려움을 가지고 바라보십시오.

그것은 십자가로부터 벗어나려고 몸부림치면서 여러분을 유혹하여 약간의 자유라도 얻으려고 하거나 마치 그리스도를 섬기려는 것처럼 고백함으로써 여러분을 속이려 할 것입니다. 그러나 자아가 스스로 하나님을 섬기려고 하는 것은 자아가 순종을 거부하는 것보다 더 위험한 것임을 기억하십시오. 거룩한 두려움으로 자아를 살피면서 그리스도 안에 여러분 자신을 숨기십시오. 오직 주님 안에서 여러분은 안전한 것입니다. 주님이 여러분 안에 거하시겠다고 약속하신 대로 주님 안에 거하십시오.

주님은 여러분에게 겸손과 깨어있는 것을 가르칠 것입니

다. 주님은 행복과 신뢰를 가르치십니다. 생활의 모든 관심, 본성의 모든 능력, 생활을 이루는 끊임없는 생각과 의지와 감정의 모든 흐름을 동원하십시오. 그리고 한때 그 자아로 자연스럽게 채워졌던 자리를 메우기 위해 주님을 신뢰하십시오. 그러면 예수 그리스도께서는 참으로 여러분을 소유하여 여러분 안에 거하실 것입니다. 그리고 새 생활의 은혜와 평화와 안식을 통해 자아에게서 벗어나게 됩니다. 그리스도 안에만 거하게 된 놀라운 변화가 온 것에 여러분은 끊임없는 기쁨을 가질 것입니다.

특주

마샬(Marshall)은 성화에 대한 그의 저서 12장에서 "오직 믿음으로만 의롭게 됨"(Holiness through faith alone)이라는 제목의 글을 통해 그리스도인들이 그리스도의 도움을 받아 육체의 능력으로 성화를 구하려는 위험성에 대해 크게 강조하고 있습니다. 그는 신자들 안에 두 가지의 본성이 있음을 보여주면서 두 가지 본성 중에 어느 쪽의 원리가 우리를 인도하도록 하느냐에 따라 거룩함을 추구하는 데도 두 가지 길이 있다고 합니다. 그 하나는 최상의 노력과 결심을 경주하는 가운데서 그리스도가 도와주시기를 기대하는 육신의 길이요, 다른 하나는 영적인 방법인데 죽은 자들은 아무것도 할 수 없는 것처럼 우리의 한가지 관심사는 오직 그리스도를 매일 받아들여 발걸음을 옮길 때마다 주님께서 우리 안에서 살아 역사하시도록 하는 것입니다.

"여러분 안에 있는 것으로 최선을 다하려는 의지와 결심에 의해 하나님의 은혜가 여러분을 도와주도록 그리스도를 신뢰하려고 생각하지 마십시오. 자연적이고 육적인 인간으로부터 거룩을 실천하며 그 죄악된 경향과 정욕에서 깨끗하게 되려는 시도를 단념하십시오. 오히려 주님 자신의 기쁘신 뜻을 따라 의지하고 행하는 가운데 여러분 안에서 주님이 역사하시도록 그리스도를 의지하십시오. 자신의 죄와 비참함을 확실하게 알고 있는 자들은 일반적으로 우선 육신을 길들여 보려고 생각하며 그 정욕을 굴복시키고 뿌리 뽑으려 합니다.

또 그들의 부패된 본성을 보다 선한 본성으로 만들어서 그 본성과 더불어 힘쓰고 애쓰고 투쟁함으로써 거룩해지려고 합니다. 그들은 마음이 최선을 행하기 위한 목표와 결심에 의해 정욕을 정복하고 어려운 임무를 수행하는 데 있어서 큰 성과를 얻을 수 있으리라고 희망합니다. 그것은 열심 있는 성직자들이 그들의 설교나 저서에서 사람들을 부추기고 가르치는 내용이기도 합니다. 그들은 그 결심을 죄에서부터 선으로 돌아서는 중요한 전환점으로 파악합니다. 그들은 이것이 믿음의 생활에 배치되지 않는다고 생각합니다. 그들은 이 모든 결심과 행위들에서 그리스도를 통해 오는 하나님의 도우시는 은혜를 믿기 때문입니다.

그들은 그리스도 안에서 새로운 상태를 따라 행하는 대신에 그들의 옛 상태를 개선시켜 보려고 노력하며 온전한 육신을 만들려고 합니다. 그들은 거룩을 이루기 위해 저속한 육체적인 일들에 의존합니다. 즉 그리스도를 의존하지 않고 그들 자신의 노력, 결심, 목표, 의지의 행위에 의존합니다. 그들은 이같이 도움을 받기 위해 육신적인 방법으로 그리스도께 의지합니다. 그러나 한편 참된 믿음은 그들이 아무것도 아닌 것과 다만 헛수고하고 있을 뿐임을 가르쳐 줍니다."

제30장 언약의 보증인

이와 같이 예수는 더 좋은 언약의
보증이 되셨느니라 히 7:22

성경은 옛 언약이 무흠완벽했다고 주장하지는 않으나 하나님은 이스라엘이 그 언약 안에 머물러 있지 않음을 책망하셨습니다. 그러므로 하나님은 옛 언약을 결함이 있는 것으로 취급하지 않으신 것이 분명합니다. 옛 언약은 하나님과 이스라엘을 연합시키는 데 있어서 뚜렷한 구심점을 확보하지 못했습니다. 이스라엘은 하나님을 버렸으나 하나님은 이스라엘을 버리지 않으셨습니다. 그러므로 하나님께서는 첫 언약과는 달리 흠이 없고 그 목적을 강력한 힘으로 실현할 수 있는 새 언약을 세우시기로 약속하셨습니다. 그 새 언약이 목적을 달성하려면 그 언약은 하나님의 백성들에게 그분의 신실하심과 하나님에 대한 그 백성들의 신실함을 보장해 주어야 합니다. "새 언약"(New Covenant)이라는 용어는 이 두 가지 목적이 이루어지리라는 것을 확실히 밝혀주고 있습니다.

> 내가 저희 불의를 긍휼히 여기고 저희 죄를 다시 기억하지 아니하리라 히 8:10~12 참조

이같이 하나님은 그 백성들에 대한 자기의 변함없는 신실성을 확신시키셨습니다. 용서하시는 하나님과 순종하는 백성들, 이들은 새 언약 안에서 영원히 연합되고 만나야 할 두 당사자입니다.

이 새 언약의 가장 아름다운 경륜은 그 언약 안에서 그 성취가 양 당사자에게 확실히 보증되었다는 것입니다. 예수는 보다 나은 언약에 대한 보증이십니다. 인간 편에서 보자면 주

님은 하나님께서 자신의 약속을 성실히 수행하심으로 인간이 안심하고 하나님께 의지하여 용서를 받고 버림받지 않을 것을 확실하게 보증해 주셨습니다. 하나님 편에서 보자면 주님께서는 인간이 당사자로서의 언약을 지키며 완수하여 하나님께서 그들에게 그 언약의 축복을 베푸실 것임을 보증하십니다. 주님께서 그분의 보증을 아래와 같이 이루십니다.

하나님과 하나됨으로 그분의 충만함이 주님의 인성 속에 있어서 주님은 인간들에게 하나님께서 약속하신 것을 이루실 것임을 친히 보증해 주십니다. 하나님께서 가지신 모든 것이 인간 예수님 안에서 우리에게 주어졌습니다. 우리와 하나 되어 우리를 그분 자신의 지체들로 삼으시고 그분이 관심을 갖는 자들을 보호하실 것을 보장해 주십니다. 인간이 해야 하고 되어야 할 바 모든 것이 예수님 안에서 보증이 됩니다. 새 언약의 영광스러움은 그것이 신인의 인격 안에서 살아있는 확증과 영원한 보장을 가진다는 데 있습니다. 그리고 우리가 그 언약의 확증으로써 주님 안에 거함에 따라서 언약의 목표와 축복들이 우리 안에서 어떻게 이루어지는지를 쉽게 이해할 수 있습니다.

새 언약의 약속들 중의 하나에 비추어 생각해보면 이 사실을 가장 잘 이해할 수 있을 것입니다. 예를 들어 예레미야 32장 40절을 보십시오.

"내가 그들에게 복을 주기 위하여 그들을 떠나지 아니하리라 하는 영영한 언약을 그들에게 세우고 나를 경외함을 그들의 마음에 두어 나를 떠나지 않게 하고."

무한하신 하나님이 스스로 우리의 연약함에까지 머리숙여 낮아지심은 얼마나 놀라운 겸손입니까?

그분은 신실하고 변치 않는 분이시며 그분의 말씀은 진리입니다. 그래서 그 약속의 후사들에게 그분의 경륜의 불변성을 더욱 풍성하게 보여주십니다. 그분은 자신이 결코 변치 않으리라는 그 언약 안에서 스스스 매이셨습니다.

"내가 그들을 떠나지 아니하리라 하는 영영한 언약을 그들에게 세우고."

이 말씀을 충분히 이해하고 그 신실하신 자의 영원한 언약 안에서 안식을 얻는 자는 복됩니다.

그러나 언약에는 두 당사자가 있습니다.

그런데 인간이 그 언약에 대해 성실하지 못하고 그 언약을 깨버린다면 어떻게 되겠습니까?

그래서 그 언약이 모든 면에서 확실하게 질서대로 성립되려면 어떠한 섭리가 따라야 합니까?

언약이 성립되려면 하나님 편에서뿐만 아니라 인간 편에서도 성실하게 임해야 합니다. 그러나 인간은 결코 자신이 언약에 성실하겠다는 확언과 장담을 할 수가 없습니다. 그래서 여기에서 보듯이 하나님께서 이것을 섭리하러 오셨습니다. 그분은 친히 그 언약 안에서 결코 그분의 백성을 외면하지 않으실 것을 보장하실 뿐만 아니라 그 백성들의 마음속에 하나님을 경외하는 마음을 주사 그들이 하나님으로부터 떠나가지 않도록 하십니다. 그 언약의 한 당사자로서 하나님 자신의 의무를 이행하실 뿐만 아니라 언약의 다른 당사자인 인간들도 돌보아주십니다.

> 너희로 내 율례를 행하게 하리니 너희가 내 규례를 지켜 행할지라 겔 36:27

이러한 그 언약의 반절이라도 깨닫는 자는 복이 있습니다. 그는 성도의 견인 즉 그의 영원한 운명이 하나님과 맺은 그 언약 자체 안에서만 보장된 것이 아님을 압니다. 왜냐하면, 그는 끊임없이 그 언약을 깨뜨리기만 할 것이기 때문입니다. 그는 그 언약을 하나님 자신뿐 아니라 인간을 위해서도 하나님께서 유효하게 보신다는 사실을 알고 있습니다. 언약에 있어서 인간은 오직 하나님께서 하시겠다고 약속하신 것을 받아들이고 하나님에 대한 그분의 백성들의 신실함을 보장하시는 거룩한 약속을 확실히 성취하실 것을 기대하기만 하면 된다는 것을 깨닫게 됩니다.

> "나를 경외함을 그들의 마음에 두어 나를 떠나지 않게 하고."

바로 여기에서 그 언약이 온전히 성취되고 유지됨을 지켜보도록 주님이 아버지로부터 위임받은 복된 사역이 나타나게 됩니다. 그 주님에게 아버지는 "내가 백성들의 언약을 위해 네게 주노라"고 말씀하십니다. 그리고 성령께서도 "주 안에서의 하나님의 모든 약속은 우리를 통하여 하나님의 영광을 나타내기 위하여 '예'가 되고 '아멘'이 된다"고 증거하십니다. 주님 안에 거하는 신자는 그 언약에 나타나 있는 모든 약속의 성취에 대한 거룩한 확신을 가지는 것입니다.

그리스도는 보다 좋은 약속의 확증이 되셨습니다. 그것은 그리스도가 보증이 되시는 우리의 멜기세덱 같은 것입니다(히 7장 참조). 아론과 그의 아들들은 죽었지만, 그리스도에 대해서는 그분이 살아계심을 증거하는 것입니다. 그분은 영원한 생명의 능력 안에 있는 제사장입니다. 그분은 영원히 계시기 때문에 변하지 않는 제사장 직분을 가지고 계십니다. 주님은 중보자가 되셔서 영원히 살아계시기 때문에 끝까지 온전하게 우리를 구원하실 수 있습니다.

그리스도는 영원히 살아계시는 분이므로 그분의 보증인의 지위는 매우 강력한 것입니다. 그분은 영원히 살아계셔서 중보가 되시고 온전한 구원을 이루십니다. 매순간마다 그분의 거룩하신 임재를 아버지 앞에 나타내어 그 백성들에게 하늘의 생명의 축복과 능력을 확보해 주려는 끊임없는 간구를 드리고 계시는 것입니다. 그리고 매순간 백성들에게 끊임없이 중보의 그 놀라운 영향력이 주님으로부터 내려와 그들에게 천국 생명의 권능을 남김없이 부어주십니다. 아버지의 기뻐하심을 따라 보증인으로서의 주님은 우리와 더불어 결코 기도를 쉬지 않으시며 항상 하나님 앞에서 우리를 대표하십니다. 우리를 위해 아버지께 보증인이 되신 주님은 일하기를 쉬지 않으시며 우리 안에 아버지를 나타내십니다.

히브리인들이 이해할 수 없었던 멜기세덱 제사장 직분의 신비는 부활 생명의 신비입니다(히 5:10~14). 언약의 보증인으로서의 그리스도의 영광은 그분이 영원히 살아계신다는 사실에 있습니다. 그분은 하늘에서 신적 능력의 사역 즉 전능하신 생명을 나타내십니다. 그분은 항상 살아계셔서 기도하시며 한순간이라도 보증인으로서의 그분의 기도는 우리를 위해 아버지께서 그 언약을 이루실 것을 보증합니다. 주님은 그 동일한 생명의 능력 안에서 그분의 지상 사역을 수행하십니다.

그분의 기도의 응답으로서 하늘나라의 능력이 그분의 아버지를 위해 우리들의 언약의 보증으로 나타납니다. 영원한 생명 안에는 단절이 없고 한순간의 방해도 없습니다. 순간마다 그 생명 안에서 영원히 능력을 가지는 것입니다. 주님은 매순간을 영원히 우리를 축복하시려고 살아계시는 것입니다. 주님은 가능한 한 온전히 그리고 완벽하게 구원하실 수 있습니다. 그것은 그분이 영원히 살아계셔서 기도하기 때문입니다.

신자들이여! 여러분의 보증인인 영원히 살아계시는 제사장의 직분의 본질을 생각해 보십시오. 여기에서 예수님 안에서 끊임없이 거할 수 있는 가능성이 얼마나 확실히 보장되고 있는지를 보십시오. 순간마다 주님의 중보가 나타날 때마다 그 효력은 커집니다.

"나를 경외함을 그들의 마음에 두어 나를 떠나지 않게 하고."

그리고 언약의 완성을 위해 예수님이 필요하므로 주님은 한시도 여러분을 스스로 내버려 두실 수 없으십니다. 주님은 책임지시는 일에 실패하지 않도록 여러분을 홀로 두시지 않습니다. 여러분의 불신으로 인해 주님은 거짓될 수 없으시다는 사실을 깨닫는 축복을 잃어버릴지도 모릅니다. 그러나 여러분이 주님을 더욱 가까이한다면 그 영원한 생명의 능력을 좇아 대제사장이 되신 그 능력과 믿음을 보게 됩니다. 또 예수님 안에 거하면서 언제까지나 그치지 않고 변치 않는 생명이 바로 여러분을 기다릴 것입니다.

예수가 우리에게 어떤 분이 되시는지를 아는 지식의 자연스럽고도 즉각적인 결과가 그분 안에 거하는 사실로 나타나는 것입니다. 주님의 생명이 끊임없이 우리를 위해 아버지께 상달되고 아버지로부터 우리에게 내려온다면 우리가 주 안에 쉽게 거할 수 있을 것입니다. 주님과의 의식적인 교제의 순간마다 우리는 이렇게 말해야 합니다.

"나의 보호자와 보증인이 되시며 영원히 살아계시는 구주 예수님의 생명 안에 내가 살아있나이다. 내가 주 안에 거하나이다."

우리는 또 말합니다.

"오, 위대하신 대제사장이시여! 영원한 능력과 변치 않는 생명을 가지신 당신 안에 내가 거하나이다."

불가피한 일 때문에 주님과의 직접적이고 확실한 교제를 못 갖는 순간에도 우리는 주님의 보증과 그분의 영원하신 제사장 직분을 신뢰할 수 있는 것입니다. 그리하여 그분의 거룩하신 효험과 최대한으로 구원하시는 주님의 그 능력이 우리를 그분 안에 거하도록 지켜주심을 믿는 것입니다.

제31장 영화롭게 되신 자

이는 너희가 죽었고 너희 생명이 그리스도와 함께
하나님 안에 감추었음이니라 우리 생명이신
그리스도께서 나타나실 그때에 너희도 그와
함께 영광 중에 나타나리라 골 3:3~4

십자가에 달리신 자 곧 그리스도 안에 거하는 자는 그분과 함께 십자가에 못박히는 것이 무엇인지를 배우게 되며 그리스도 안에서 참으로 죄에 대하여 죽습니다. 부활하시고 영화롭게 되신 자 곧 그리스도 안에 거하는 자는 똑같은 방법으로 그분의 부활의 생명에의 참여자가 되며 주님께서 하늘에서 면류관을 받은 그 영광에 참여하는 자가 됩니다. 예수와 연합함으로 그분의 영화로운 생명 안에서 심령에 흘러 들어오는 말할 수 없는 축복을 받습니다.

이 생명은 온전한 승리와 안식의 생명입니다. 죽기 전에는 하나님의 아들이 고난당하고 투쟁해야 했고 시험을 받으며 죄와 그 공격에 의해 괴롭힘을 당할 수도 있었습니다. 그러나 부활하신 자로서 주님은 죄를 이겨내셨으며 영화롭게 되신 자로서 그분의 인성은 신성의 영광에 참여하는 자리에 들어오게 되었습니다. 이같이 주님 안에 거하는 신자는 죄와 육신의 능력이 어떻게 멸망하는지를 깨닫게 됩니다. 또 완전하고 영원한 구원에 대한 의식은 점점 분명해집니다.

그리고 승리와 구원이 이미 이루어진 사실임을 확신하는 열매로서 축복된 평화와 안식이 생활 속에 자리를 잡게 됩니다. 죽음에서 일으킴을 받고 하늘 나라의 처소를 얻게 된 예수님 안에 거함으로 신자는 몸의 모든 지체를 통하여 그 머리에서부터 흘러나오는 그 영광스러운 생명을 받습니다. 이 생활은 아버지의 사랑과 거룩과 더불어 충만히 교제하는 가운데 있는 생활입니다. 예수께서는 때때로 그분의 제자들과 함께 이러한 생각을 중요하게 여기셨습니다. 주님의 죽음은 아버지께로 돌아가는 것이었습니다. 주님은 기도하셨습니다.

> 아버지여 창세 전에 내가 아버지와 함께 가졌던 영화로
> 써 지금도 아버지와 함께 나를 영화롭게 하옵소서.

영화롭게 되신 그리스도 안에 거하면서 신자는 보좌에 계신 예수님과의 연합이 의미하는 바를 체험하고 깨닫기를 간구합니다. 또 어떻게 해서 아버지의 임재의 맑고 밝은 빛이 신자의 최고의 영광과 축복이 되며 그 주님 안에서 믿는 자의 분깃이 되는지를 깨닫게 됩니다. 그는 아버지의 임재의 비밀 속에 거하시며 높임을 받으신 머리되신 분과 항상 교제하는 성스러운 방법을 배우게 됩니다. 예수께서 땅에 계실 때 주님에게는 유혹의 손길이 닿을 수도 있었습니다. 그러나 영광 가운데서 모든 것이 거룩하며 모든 것이 하나님의 뜻과 완벽한 조화를 이루게 됩니다. 그래서 주님 안에 거하는 신자는 이 고상한 교제 속에서 그의 영이 성화되어 아버지의 뜻에 맞도록 장성함을 체험하는 것입니다. 예수님의 천국 생명은 죄를 몰아내는 능력이 되십니다.

이 생활은 사랑의 자비와 그 행동을 실천하는 생활입니다. 보좌에 앉아 계시면서 주님은 그분의 은사를 나누어 주시며 성령을 주시며 사랑으로 그분의 백성들을 위하여 일하고 살피시기를 그치지 않으십니다. 신자는 그 자신이 일하도록 격려받는 것을 느끼지 않고서는 영화롭게 되신 자, 예수님 안에 거할 수 없습니다. 예수의 영과 그 사랑이 의지와 능력을 불

어넣어 주사 다른 사람들에게까지 축복이 되는 것입니다. 예수님께서는 바로 풍성한 축복을 내리실 수 있는 능력을 얻기 위하여 하늘나라에 가신 것입니다. 하늘의 포도나무이신 주님은 그분의 가지인 백성들의 중보자가 되심으로 이러한 일을 행하십니다. 그러므로 영화롭게 되신 자, 주님 안에 거하는 사람은 누구든지 많은 열매를 맺습니다. 왜냐하면, 그는 높임을 받으신 주님의 영원한 생명의 능력과 성령을 받고, 구세주와 왕자로 높임을 받으신 예수의 충만함이 그 주변에 있는 자들에게까지 축복이 되어 흘러넘치는 통로가 되기 때문입니다.

영화롭게 되신 자의 생명과 그 안에서의 우리의 생활에 관하여 한가지 더 생각해야 할 것이 있습니다. 그것은 놀라운 기대와 소망을 갖는 생활입니다. 그것은 그리스도에게서도 마찬가지입니다. 그분은 하나님의 우편에 앉아계셔서 그분의 원수들이 그분의 발등상이 되기까지 기다리시며 충만한 상급을 받고 그분의 영광이 나타나며 사랑하는 백성들이 그 영광 가운데 영원히 거하게 되는 때를 기대하십니다. 그리스도의 소망은 그 구속함을 받은 자들의 소망인 것입니다.

"내가 다시 와서 너희를 내게로 데려가겠노니 내가 있는 곳에 너희도 있음이니라."

이 약속은 우리들에게 항상 귀한 것이었듯이 그리스도에게도 귀한 것이었습니다. 그리스도와 만나는 기쁨은 신랑을 기다리는 신부의 기쁨 같은 것이며, 영광 중에 있는 그리스도의 생명을 바라보면서 기다리는 것입니다. 즉 그분의 사랑하는 자들이 그분과 함께 있을 때에야 비로소 오게 될 충만한 기쁨을 바라면서 기다리는 것입니다. 그리스도 안에서 친밀하게 거하는 신자는 이처럼 주님과 함께 기대하는 마음을 가질 것입니다. 개인적인 기쁨은 말하지 않더라도 그의 임금에 대한 열성적인 충성의 정신 때문에 주님이 그 영광 중에 오셔서 모든 원수를 정복하시고 하나님의 영원한 사랑의 충만한 계시를 나타내시기를 갈망하는 것입니다. "그리스도가 나타나시면 우리도 그와 함께 영광 중에 나타나리라", "그가 오시기까지" 등은 모든 진실한 그리스도인들의 표어가 됩니다.

주님의 오심에 대한 약속을 나타내는 데 있어서 상당한 차이점이 있을지 모릅니다. 어떤 사람은 그것이 어느 날 평범한 사건으로 주님께서 빨리 몸소 오셔서 세상을 다스리실 것으로 생각합니다. 그는 주님이 빨리 오셔서 머물기를 원합니다. 다른 사람들에게는 성경을 사랑하고 그의 구주를 사랑하는 것과 마찬가지로 주님의 오심은 단지 심판 날을 의미하는 것입니다. 그것은 현재의 시간이 영원으로 바뀌는 것이며 지상에서 역사의 종말이자 천국의 시작인 것입니다. 구세주의 영광을 그렇게 나타내는 사상은 곧 그의 기쁨이요, 힘인 것입니다. 그것은 다시 오시며 우리를 그 자신에게로 이끄시는 예수입니다. 또 만유의 주로서 찬양받으시며 모든 교회들이 그들의 소망의 구심점으로 모여드는 예수입니다.

영화롭게 되신 자 곧 그리스도 안에 거함으로써 신자들은 참으로 주님의 오심을 신령한 눈으로 바라보도록 부활하게 될 것입니다. 이것만이 우리 심령에 참된 축복을 가져다 줍니다. 미래에 되어질 일들을 연구하는 것은 흥미있는 일이며, 거기에서는 이론을 배우는 일이 온유하신 그리스도를 배우는 일보다 더욱 두드러지게 됩니다.

또 각각의 의견을 서로 주장하면서 형제를 정죄하는 일이 장차 올 영광에 대한 어떤 표적들보다도 중요한 것이 됩니다. 그러나 우리보다 진리에 대한 더 깊은 계시를 가지고 있으며 또 다른 은사들을 가진 사람들로부터 배우려고 하는 것은 오로지 겸손을 통해서만 할 수 있는 일입니다. 그리고 우리들과는 다르게 깨닫는 자들에게도 사랑을 통하여 항상 부드럽고 친절하게 말할 수 있는 것입니다. 오시는 이가 참으로 이미 우리들의 생명되시는 분임을 보여주는 것은 천국 시민다운 일이며 그것은 세상이나 교회에 대해 우리의 믿음은 세상의 지혜에 있는 것이 아니요, 오직 하나님의 능력에 있음을 보여주는 것입니다.

오시는 자이신 주님을 증거하려면 우리는 영화롭게 되신 자처럼 주님의 형상을 닮고 그분 안에 거해야 합니다. 올바른 관점을 가진 것과 그들을 변호해줄 열심을 가진 것으로도 주님을 만날 준비가 되지 못하고 오직 주님 안에 거하는 것만이 주님을 만날 준비가 됩니다. 오직 우리는 주님과 더불어 영광스럽게 나타나야만 합니다. 그것은 변화이며 그 동안 계시의 날을 기다려왔던 내재하는 영광을 비추며 밖으로 열어보이는 일입니다.

"하나님 안에 그리스도와 더불어 숨겨진 생명"
"그리스도 안에서 하늘의 영광에 동참함이여"
"영화로우신 그리스도 안에 거하는 복된 생활이여!"

여기에서 다시 질문이 생깁니다.

흙덩이에 불과한 연약한 어린이도 참으로 영광의 왕과 더불어 교제하는 데 함께 거할 수 있을까?

여기에 다시금 그 축복된 대답이 주어져야 합니다. 그리스도가 하늘과 땅의 모든 권세를 임의로 가지는 그 사역이 그 연합을 유지하게 하는 일입니다. 그 축복은 그것을 위하여 주님을 의뢰하는 자에게 주어지며 믿음과 확신하는 기대로 자신을 헌신하여 온통 주님과 끊임없이 하나되는 자에게 주어집니다. 단순한 믿음 같지만 심령이 그 자신을 먼저 구세주께 드리는 것은 놀라운 행위입니다. 그 믿음이 자라남에 따라 보다 명확한 통찰력을 갖게 되고 우리가 그분의 영광 안에서 주님과 하나라는 하나님의 진리를 더욱 굳게 붙잡게 됩니다.

단순하지만 능력있고 변함없는 믿음 안에서 우리의 심령은 자신을 포기하고 전적으로 그리스도의 전능하신 능력을 지키며 주님의 영원한 생명을 나타내는 데 헌신하는 것을 배우게 됩니다. 그 심령은 하나님의 영을 그 안에 가지고 있어 그리스도의 모든 것과 교제하며 그것을 더 이상 짐이나 일로 여기지 않습니다. 그것은 그 거룩한 생활이 스스로를 주장하여 그 하는 일을 알기 때문입니다. 그의 믿음은 자신을 점점 더 포기하는 것이며, 영화롭게 되신 자가 이룰 수 있는 그 사랑과 능력을 받아들이고 기대하는 것입니다. 그 믿음 안에서 끊임없는 교제가 이루어지며 성숙한 일치가 이루어지는 것입니다. 모세가 그랬던 것처럼 그 교제는 그분의 영광에 참여하게 하고 그 생명은 이 세상에 속하지 않은 빛으로 비추기 시작하는 것입니다.

그 복된 생활은 우리의 것입니다. 예수님이 우리의 것이기 때문입니다. 우리는 우리 안에 숨겨진 능력 안에서 그 복된 생활을 소유하고 있으며 우리는 우리 앞에서 그 충만한 영광의 광경을 보는 것입니다. 매일의 우리 생활이 우리 안에 숨겨진 능력에 대한 밝고도 복된 증거가 되며, 장차 나타날 영광을 위하여 우리를 준비시키는 것이 되어야 할 것입니다. 영화롭게 되신 그리스도 안에 거하는 것으로 우리의 능력을 삼아 아버지의 영광을 위하여 살며 아들의 영광을 함께 나누어 누리기에 합당한 자가 되어야 할 것입니다.